DR. LEMHOEFER

Aasinsekten an einem Maulwurfe.

Peter Rühmkorf
Die Handwerker kommen

Ein Familiendrama

Verlag Klaus Wagenbach   Berlin

1.-3. Tausend 1974
© 1974 Verlag Klaus Wagenbach, Berlin
Aufführungsrechte beim Verlag der Autoren, Frankfurt am Main
Graphiken aus »Brehms Thierleben« — »Allgemeine Kunde des Thierreiches«. Leipzig 1880
Satz und Druck   Poeschel & Schulz-Schomburgk, Eschwege
Einband   Klemme & Bleimund, Bielefeld
Printed in Germany. Alle Rechte vorbehalten
ISBN 0 8031 0069 0

Vorkommende Personen

GROSSMUTTER PAPE   Wohnungsinhaberin, 76 Jahre
ALBERT PAPE   Angestellter, Sohn der Großmutter Pape, 50 Jahre
FRIEDA PAPE   Hausfrau, Gattin von Herrn Pape, 45 Jahre
PETER   Sohn von Albert und Frieda Pape, 19 Jahre
PAUL   Zweiter Sohn der Papes, 18 Jahre
PAULINE   Tochter der Papes, 14 Jahre
UTE   Schulfreundin von Pauline und zugleich Nachhilfeschülerin von Albert Pape, 15 Jahre
PITTER   Erster Handwerker, 44 Jahre
POLLUX   Zweiter Handwerker, 24-37 Jahre

Eine Gesellschaft von Küchenschaben (Periplaneta orientalis) auf verschiedenen Altersstufen.

1. Stadium: *Prospekte*

Einblick in ein Wohnzimmer, kleinbürgerlich, Altbau, erster Stock. Eine Wand links teilt eine Abseite ab, etwa ein Viertel des Bühnenraumes. In der Abseite ein Bett, darin – schlafend – die Großmutter. Im Wohnzimmer Herr und Frau Pape, in Katalogen blätternd. Frau Pape mißt die Wände und den Fußboden aus. Herr Pape zum Telefon, wählt.

PAPE: *(lauscht, schüttelt den Kopf)*
FRAU: Na?
PAPE: Nichts.
FRAU: Überhaupt nichts?
PAPE: Soviel wie nichts. Die automatische Stimme und dann weg.
FRAU: Aber das ist doch nun wirklich – ! –
PAPE: Was heißt hier wirklich. Mehr als anrufen kann ich nicht.
FRAU: Doch. Mal persönlich nachfassen. Handwerker, die man noch nie zu Gesicht gekriegt hat, sind für mich nicht vorhanden. – Man muß ja allmählich glauben, deine Leute gibt es gar nicht.
PAPE: Und wie es die gibt. Eine Firma, die nicht existiert, hat auch keinen automatischen Anrufbeantworter. Die setzt keine Anzeigen in der Zeitung auf und macht keine schriftlichen Kostenvoranschläge.
FRAU: Das macht sie jetzt seit zwei Jahren. Jeden Herbst und jeden Frühling neue.
PAPE: Das ist ein gutes Zeichen. Das bedeutet ganz klar, daß sie uns noch nicht abgeschrieben hat. Bei so preiswerten und begehrten Leuten muß man manchmal einfach die Ruhe bewahren.
FRAU: Mit Ruhe geht gar nichts voran. Da! – *(zeigt auf die Nachbarwand rechts)* Während wir uns hier die Beine in den Bauch warten, renovieren die alles selbst von der Lamperie bis an die Decke. – Das Schaben macht mich verrückt. Noch mehr als das Klopfen.
PAPE: Auf solche Geräusche würd ich gar nichts geben.

Frau: *(starrt gegen die Wand)* So. Das ist der Tapezierquast.
Pape: Dafür ist die Konzeption bei uns völlig aus einem Guß.
Frau: Die holen wir nie wieder ein.
Frau: *(ein dünnes Hämmern von nebenan)* Und nun die Fußleisten.
Pape: Dafür wird dies hier ein Traumhaus, paß mal auf.
Frau: *(dem Geräusch nach)* Ein Meter – zwei Meter – drei –
Pape: Eine richtige Wunschwohnung.
Frau: Jetzt sind sie schon um die Ecke.
Pape: Eben. Und wenn sie vorne grad zu Ende sind, ist das hinten bereits aus dem Leim. Mit Pfuscherei kannst du gerade im Bauwesen mehr verderben als gewinnen. Was meinst du, wie froh ich bin, daß unsere keine Laien sind.
Frau: *(hält sich die Ohren zu, schreit)* Anfangen sollen deine selbstbesorgten Facharbeiter. Endlich loslegen! Bloß um meine besten Jahre zu verwarten, hab ich nicht geheiratet. *(lauscht zur andern Seite hin)*
Pape: Pst! – Hat sie nicht eben gerufen?
Frau: Der Nachttopf wird in Flammen stehen, was sonst?
Oma: Hiiiiiilllllffffffe! – Hiiiiiilllllffffffe! –
Frau: Wenn sie rein will, sagt ihr, ich wär noch mächtig am Putzen.
Pape: Sie wird in die Wärme wollen.
Frau: Geheizt wird schon seit März nicht mehr. Auch hier nicht. Und alles irrsinnig durcheinander. *(beginnt Möbel herumzuzerren)* Alles voll Staub. Über Kopf. Hier kann kein Mensch mehr atmen.
Pape: Das sag ich jetzt schon zwei Jahre.
Frau: Dann bestellt ihr, wenn wir wieder Dia-Abend machen, ist sie herzlichst eingeladen. *(Telefon klingelt)* Da! Schneller! –
Pape: *(eilig zum Telefon)* Ja. Pape. – Wie, Sie kommen in einer Stunde? In e i n e r – Natürlich, geht in Ordnung, wird gemacht. – *(Hände halb an der Hosennaht)* Jawoll! – Jawoll, paßt wunderbar –
Frau: Heute um sechs? Unmöglich.
Pape: Furchtbar liebenswürdig. – Ganz ausgezeichnet. – Nein, wir sind ungemein erfreut. – Ja, wirklich wahnsinnig – *(steht noch eine Weile mit dem Hörer in der Hand)*
Frau: *(schaut empört-perplex)* Wahnsinnig – wir – ? –
Pape: Nun sag bloß, du nicht –

2. Stadium: *Dia-Positive*

Hauptraum vollkommen dunkel. An der Rückwand Projektionsplane. Geräusche von knackenden Stühlen, quietschenden Federn, Geräusper, Gewisper. Die Tür zur Abseite öffnet sich. Ein Spalt Licht, dann wieder Dunkelheit.

PAPE: So. Das ist jetzt aber wirklich die allerhöchste Eisenbahn. Der Paul wird euch gleich ein paar Bilder von der neuen guten Stube an die Wand werfen, und dann muß jeder sagen, ob er mit der Raumaufteilung einverstanden ist. Ich frage zum letzten Mal: ist die Familie ordnungsgemäß auf dem Haufen, seid Ihr alle da?
ALLE: Jaaaaaa! –
PAPE: Die Mutti? Frieda?
FRAU: Ja.
PAPE: Unsre liebe Oma?
OMA: Ja.
PAPE: Der Peter?
PETER: Ja.
PAPE: Paul?
PAUL: Ja.
PAPE: Das Paulinchen.
PAULINE: Ja, aber ich muß austreten.
PAUL: Um Gotteswillen, in einer halben Stunde sind die Handwerker da. Wenn wir uns bis dahin nicht über unsere Wünsche einig sind, können wir einpacken. Ich schieb schon mal das erste Bild ein. *(Katalogbild einer modisch mobilen Wohnlandschaft)*
ALLE: Ahhhhhh!
PAPE: Nicht wahr?
FRAU: Das mußt du nun aber erklären.
PAPE: Ja also –
OMA: Soll das ein Kinderspielplatz sein?
PAUL: Das ist kein Spielplatz, Ömchen. Das ist eine völlig durchrationalisierte Wohnlandschaft. Mit festen Elementen. Die man trotzdem versetzen kann.
PETER: Stabil und mobil zugleich. Ein Symbol der menschlichen Freiheit.
PAPE: Zum Beispiel – Paul! – *(ein neues Bild wird eingescho-*

ben) hier hätten wir zuerst mal Mamas Reich. Das erkennt man natürlich gleich an der versenkbaren Nähmaschine. Dann – Paul – *(neues Bild)* richtig – anschließend sehen wir Peters Studierplatz mit dem Bücherbord. Da kann er ganz ungestört lesen, selbst wenn das Paulinchen – *(Bild von einem Fernseher)* nachmittags fernsehen will – Und dann am Fenster – *(neues Bild mit einem monströsen Basteltisch)* – der Paul –
PAUL: Klar. Für mein Basteln brauch ich so viel Tageslicht wie möglich. Wenn ich mich bei einer Vierstufenrakete nur einmal verfummel, na dann – Prost Mahlzeit! –
OMA: Wo komm ich hin? Wo steht zum Beispiel mein Bett?
FRAU: Ja, für unsre Oma haben wir selbstverständlich schon eine ideale Lösung vorgesehen. Die kommt gleich hinter die Durchreiche.
OMA: Durch? Wohin?
PAULINE: *(zeigt auf Bild)* Von hier nach da und wieder zurück, ganz wie man lustig ist.
PETER: Da hinter die Wand mit ner Klappe.
OMA: Ich will nicht hinter die Klappe. Ich will rein.
PETER: Durch die Klappe bist du praktisch immer bei uns.
OMA: Ich will ins Zimmer. Diese ganze Wohnung ist beim Meldeamt auf meinen Namen eingetragen. Ich kann Ansprüche geltend machen.
PAPE: Aber Mutter, das kannst du alles wunderbar von nebenan.
PAULINE: Da kann sie immer durchschrein, wenn sie einen Wunsch hat.
PAUL: Ich versteh überhaupt nicht, warum wir die Oma nicht mit unterbringen sollen. Das ist technisch gar kein Problem.
PAULINE: Blödsinn. Die Oma stinkt.
PAUL: Das kriegen wir weg.
PAPE: Bloß nicht die alte Mutter noch umtopfen, Gottbewahre.
FRAU: Die würde sich auch gar nicht wohlfühlen mitten im Geschehen.
OMA: Ich fühl mich jetzt schon wohl.
FRAU: Das bildest du dir nur ein, Großmütterchen. – Die Oma muß nämlich in Wirklichkeit ihr eigenes Revier behalten. Wo sie völlig schalten und walten kann. Keiner ihr was reinredet. Sie jederzeit durch das praktische Patentkläppchen –
OMA: *(schreit)* I c h   w i l l   i n s   Z i m m e r – ! –
PETER: *(macht Licht an. Das Riesenbett die halbe Bühne fül-*

lend) Großmutter! Ich glaub, du weißt überhaupt nicht, wie du aussiehst!

PAULINE: Uh, wie voll! Die frißt mehr Raum als ich und der Peter zusammen. *(schreitet mit ausgebreiteten Armen durch den Raum)*

PAUL: *(stößt sie und schiebt sie zur Seite)* Vorsicht Kindchen. Bis hierher geh ich.

PAULINE: *(schubst ihn)* Hättest du dir so gedacht. Und wo kann ich meine neue Puppenküche aufbauen?

PAUL: *(Mit dem Zeigestock wie ein Sandkastennapoleon das Zimmer aufteilend)* Da hört die Mama auf. Da fängt dem Papa seins an. Und das Paulinchen kriecht dann eben bei dem Peter mit unter. Der Peter hat sowieso schon viel zuviel Platz für sein bißchen Nietzsche und was weiß ich –

PAULINE: *(weint)*

PETER: Gut. Tret ich meinen mir zustehenden Platz eben an das Paulinchen ab. Wenn ich mit der Schule fertig bin, zieh ich sowieso in die weite Welt und schlaf unter Brücken.

PAPE: Das wird ja immer bunter.

PETER: Natürlich. Hier kann man sich als Heranwachsender doch überhaupt nicht profilieren –

PAPE: Keiner entzieht sich. Was beschlossen ist, das gilt für alle.

FRAU: Noch eine solche Idee, und ich hol den Doktor Hoffmann! *(einlenkend zum Peter)* Peter! Komm gib der Mama ein Küßchen *(küßt ihn auf den Kopf)* Wir wollen doch in diesen letzten fünf Minuten nicht alles wieder kaputtmachen, wovon wir zwei Jahre lang geträumt haben, das schöne Gemeinschaftszimmer –

OMA: *(plärrt)* Ich will in der guten Stube bleiben. Ich laß mich nicht aussperren hier.

FRAU: Jajaja. Da ist ja nur diese hauchdünne Wand dazwischen.

PAPE: *(pocht mit dem Knöchel an die Wand)* Höchstens einen halben Stein dick. Überhaupt nicht der Rede wert.

PAUL: Herrjeh, dann macht sie doch weg. Zu tragen hat sie nichts, und wenn sie die Oma stört –

OMA: Ja. Weg da. Weg mit meiner Wand!

PAPE: Paul! Noch ein Wort – ! –

OMA: Der Paul macht sie mir weg, nicht wahr, mein Paulemann.

PAULINE: *(heult auf)*

PAUL: *(droht mit dem Finger)* Paulinchen!
PAPE: *(zur Großmutter)* Mutter!
FRAU: *(Es schellt)* Gott. Das sind sie.
PAPE: Keiner rührt sich von der Stelle. Alles bleibt wie es ist. *(es schellt anhaltend)*
FRAU: Paulinchen, sofort wischst du dir jetzt die Tränen ab.
PAULINE: Ich heul wie mir ums Herz ist.
FRAU: *(Zieht Paulinchen das Ohr lang)* Wenn ich dir e i n e n guten Rat geben darf – ! – wer jetzt noch aus der Reihe tanzt, der kann sich gratulieren.
PAUL: Logisch. Die machen sonst nämlich mit uns was sie wollen.
PAULINE: *(streckt ihm die Zunge raus)* Bäh! –

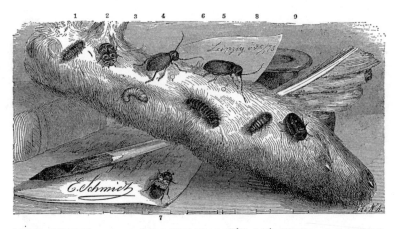

1, 2 Kabinettkäfer (Anthrenus museorum, S. 71). 3—5 Dieb (Ptinus fur, S. 114). 6, 7 Speckkäfer (Dermestes lardarius, S. 68). 8, 9 Pelzkäfer (Attagenus pellio, S. 70). Jede Art mit ihrer Larve; alle Figuren vergrößert.

3. Stadium: *Eröffnung eines Loches*

Pape führt die beiden Handwerker herein: blaue Monteuranzüge, bunte Schirmkappen, Handwerkskästen. Handwerker ziehen die Kappen ab, setzen die Kästen nieder, nicken in die Runde.

PAPE: Hier. Also. Die Langerwarteten!
FRAU: Ja, treten Sie näher, meine Herren. Sie kommen wie gerufen.
1. HANDWERKER: *(Reicht Hände)* Wir kommen immer wie gerufen, das ist unsere Art.
2. HANDWERKER: *(folgt auf dem Fuße)* Wir kommen nie ungerufen.
PAULINE: *(Bietet ihren Platz an)*
1. HANDWERKER: Nein, bitte keine Umstände. *(Blickt sich um, steuert auf das Bett der Großmutter zu)* Umstände kosten Zeit und Zeit ist Geld. *(Streckt der Oma die Begrüßungshand unter die Decke und läßt sich spitzärschig auf der Bettkante nieder. 2. Handwerker tut es ihm nach)*
2. HANDWERKER: *(Blickt und nickt herum)* Jawoll – jawoll! –
1. HANDWERKER: Nichtwahr? – *(Pause)* – Im übrigen, da ist Süden, wollt ich nur mal sagen. *(zeigt)*
2. HANDWERKER: *(zeigt)* Norden!
1. HANDWERKER: *(sachlich)* Westen.
2. HANDWERKER: *(auftrumpfend)* Osten!
1. HANDWERKER: Da geht die Sonne auf.
2. HANDWERKER: *(nickt begeistert)*
1. HANDWERKER: Das ist s e i n e Spezialität.
2. HANDWERKER: *(nickt glücklich)*
1. HANDWERKER: Er ist von uns der Frühaufsteher.
2. HANDWERKER: Und e r der Spätzubettgeher. Wir haben uns nämlich die Uhr nach unseren ganz persönlichen Temperamenten aufgeteilt.
1. HANDWERKER: Das Zifferblatt und die Windrose. So bleibt keine Minute unseres Lebens ungenutzt.

FRAU: Wie praktisch.
PAPE: Ja, das ist praktisch.
PETER: *(blasiert)* »Praktisch« ist gut und schön, Hauptsache, sie kriegen alle hier vertretenen Ideen richtig unter einen Hut.
2. HANDWERKER: Ideen? – Pitter? –
PETER: *(blickt ruckartig auf)*
2. HANDWERKER: Achso – das ist der Pitter, wenn wir vorstellen dürfen.
1. HANDWERKER: Und das der Pollux. – Also, die Ideen – eins – zwei – drei – vier – fünf – sechs – sind sechs voneinander abweichende Ideen ein unlösbares Problem für uns.
2. HANDWERKER: *(Mit dem Rechenschieber operierend)* Ne ungerade Zahl wär schwieriger.
1. HANDWERKER: Wie ich mir gedacht hab. Bleibt die Frage nach dem jeweiligen Druck.
PAUL: *(Mißtrauisch)* Druck?
1. HANDWERKER: Klar. Druck muß schon dahinter sein. Ne Idee ohne Druck ist auch für uns nur wie ne Steckdose ohne Strom.
2. HANDWERKER: Wie 'n Wasserhahn ohne Pumpe.
1. HANDWERKER: Wie 'n Piepvogel ohne Luft.
FRAU: *(verwirrt)* Piepvogel?
1. HANDWERKER: Ganz logisch. gnädige Frau, um einen Vogel fliegen zu lassen, brauchen wir zunächst einmal so was wie einen – na, Himmel. Einfacher: einen luftgefüllten Raum.
2. HANDWERKER: Der fällt im Vakuum runter.
1. HANDWERKER: Die Atmosphäre.
2. HANDWERKER: Die nötigen Atü.
1. HANDWERKER: So ist das. Stellen Sie sich vor, eine Idee von einer bestimmten Dichte in der einen Ecke *(zeigt auf die Großmutter)*, eine abweichende Vorstellung in der andern *(zeigt auf das Paulinchen)*; ein vermittelnder Gedanke vielleicht hier *(zeigt auf Paul)* und völlig unberechenbare Spannungen sonst noch so in der Gegend *(wedelt mit dem Finger herum)* – das muß sich doch irgendwo auf einen gesunden Mittelwert einpendeln –
PAPE: Den haben wir immer im Auge gehabt. Das ist unser oberstes Bauziel.
OMA: Ich will in der Stube bleiben! Ich will nicht weg.
1. HANDWERKER: *(demonstrativ)* Zum Exempel.
PAULINE: Da sind aber andre dagegen. Andere sagen, daß uns die Oma die ganze Sicht verstellt.

Paul: Wogegen man die Wand da *(zeigt)* einfach wegnehmen könnte. *(es klopft an der anderen Seite)*
Pape: Die Problemwand ist die. Hören Sie doch.
1. Handwerker: Das Problem wie es leibt und bleibt, die ganze Welt in der Nußschale – So bilden sich aus Verdichtungen und Verdünnungen der Ideen sogenannte elektrische Räume, sogenannte Funkenkammern, sogenannte Entladungszonen –
2. Handwerker: Mordsdonnerblitzdinger!
1. Handwerker: Sehn Sie, e r nun wieder. Hat keine Schule besucht und ist bei armen Leuten aufgewachsen, aber wo die entscheidenden Sprüche gekloppt werden, ist er immer voneweg. – Jedenfalls, damit Ihnen bei den hier herrschenden Hochspannungen nicht die ganze Bude auseinanderfliegt, kommen wir –
2. Handwerker: Die getreuen Eckarts –
1. Handwerker: Die uneigennützigen Ratgeber –
2. Handwerker: Pitter und Pollux und –
Paul: *(ungehalten)* Was von Ihnen verlangt wird, ist eine neue Raumordnung, die der Strukturverbesserung der Familie dient.
1. Handwerker: Gut, daß Sie das jetzt schon sagen, mein Herr. Das ist zu Anfang überhaupt noch kein Problem. Wenn die Kubikmeter hier erstmal vergeben sind, können wir von uns aus auch nur noch'n bißchen mit Moltofill. *(geht zur Rückwand, fährt mit der Hand einen Winkel nach, tatscht an die Tapete)* Hm – Hm –
2. Handwerker: Krebs, Bock. Salpeter. Schwamm. Von der total verzogenen Flucht ganz zu schweigen.
1. Handwerker: 'n reines Gotteswunder, daß Sie nicht alle schon schielen. Solche aus dem Winkel fallenden Wände ziehen automatisch sämtliche Seh- und Kopfnerven nach sich.
Pape: *(zur Frau)* Das war ein Handwerkerscherz.
1. Handwerker: Mein werter Herr, 'n klarer Scherz am rechten Platz, da wird sich kein Handwerker sträuben. Über Wände wie diese kann der Fachmann nicht mehr lachen.
2. Handwerker: *(Hat Wasserwaage angelegt)* Als ob die Menschheit völlig umsonst das Lot und die Wasserwaage erfunden hätte. *(schüttelt Kopf)* Als ob der rechte Winkel um die Jahrhundertwende noch nicht bekannt gewesen wär. *(es wummert von nebenan)*
Pape: Die Krachmacher sind schlimmer. Da. Bum – bum – bum

– bum – So geht das jetzt jeden Abend und am Wochenende schon seit Mittag.
1. HANDWERKER: Der Wurm ist überall *(Legt das Ohr an die Wand)* Chotsverdoori! die ist ja bereits in der Substanz verletzt. Das kommt einfach daher, weil die drüben nicht vom Bau sind.
PAPE: Wie ich gesagt hab.
2. HANDWERKER: Wir können doch noch 'n Pups von'm soliden Hammerschlag unterscheiden. *(neues Wummern)* Na, nur immer rein ins Mark.
FRAU: Huch! *(nimmt Hand vor den Mund)*
1. HANDWERKER: Und immer das falsche Werkzeug! Was die mit'm dicken Lehmann veranstalten, macht 'n richtiger Fachmann mit der bloßen Hand. Seine zum Beispiel. Die nannten sie schon Thors Hammer, als wir noch auf Walze waren. Die hat die Wucht des Tornados.
2. HANDWERKER: *(pocht gegen die Rückwand)*
PAPE: *(zeigt zur Seite)* Direkt gegenan. Die müssen d i r e k t kontra kriegen.
1. HANDWERKER: Und wenn er da durchstößt? Nee. Dann müssen wir denen noch ihre Einbauschränke bezahlen. *(zum 2. Handwerker)* Komm. D i e nochmal.
FRAU: Phantastisch. Jaaaa.
PAPE: Das klingt wie Langemarck. Verdun.
1. HANDWERKER: *(haut)* Düppel!
2. HANDWERKER: *(haut)* Jericho!
PAPE: *(begeistert)* Valmy! Die ganze Menschheitsgeschichte.
FRAU: *(zu Pape)* Merkst du, wie die schon leiser werden im Vergleich?
PETER: Was soll das sinnlose Gewummer. Bei dem Krach kann doch keiner mehr denken.
PAPE: Gedacht kann später werden. Komm, Junge, pack mit an.
FRAU: Laß uns erstmal diese Schlacht austragen, Peter, und du wirst sagen – *(Die Wand bekommt ein Loch, durch das die Sonne einfällt)*
PAULINE: L i c h t ! –
1. HANDWERKER: Nichtwahr? Licht kann eine ungeheure Überraschung sein.
2. HANDWERKER: So ist das. Das gewöhnlichste von der Welt am ungewohnten Ort, und die ganze Menschheit steht Kopf.
PAULINE: Eine Leuchtwand!

1. HANDWERKER: Ein vollkommenes Lichtloch. Eben noch alles schwarz wie die Nacht, und plötzlich ist da etwas hemmungslos am Strahlen. *(Paul und Pauline drängen sich heran)*
2. HANDWERKER: Das will ich aber sagen! *(rückt einen Sessel vors Loch, setzt sich und läßt sich die Sonne ins Gesicht strahlen)* Gewaltig! Wunderbar! Ich für meine Person könnte da den ganzen Tag davor sitzen. Wie die einem in die Augen spritzt. Wie ne Verrückte. Und – zack! eben hat sie noch einen draufgeschmissen, unsere Dolle. Noch mal richtig nachgelegt.
PAULINE: *(Setzt sich zum 2. Handwerker)* Schön, Mutti.
FRAU: *(Mit Anzeichen von Eifersucht näher)*
2. HANDWERKER: Richtig. Probieren geht über Studieren.
FRAU: *(dreht und wendet das Gesicht in der Sonne)* Schön ist sie schon –
1. HANDWERKER: Schön – aber? –
2. HANDWERKER: Nix aber! *(Macht der Frau den Sessel frei, die sich hineingleiten läßt)* Stellen Sie sich bitte vor, die würde ausfallen. So urplötzlich wie sie hier auf einmal eingefallen ist. *(greift der Frau um die Schultern)* Na?!
PAULINE: Manche Gedanken sind nicht zum Ausdenken.
2. HANDWERKER: Das will ich meinen.
PAPE: So umfassend wie die Sonne ist aber auch so leicht nichts mehr auf der Welt. Ich will damit nur sagen, daß Ihr Beispiel vielleicht doch ein bißchen hinkt.
FRAU: Sie ist nicht übel, Heinz. Bestimmt nicht. Wenn man die Augen nur genügend fest schließt, könnte man meinen, man wäre in der Sommerfrische.
1. HANDWERKER: Auch ein wichtiger Gesichtspunkt. Aber was reden wir? Von Löchern hat das Denken der Menschen schon immer seinen Ausgang genommen. Haben Sie das eben gesehen, das Alpenveilchen, wie das seine kleinen Tüten aufriß, vom Strahl getroffen? Die Zimmerlinde, wie sie zusammenzuckte? Nicht auszudenken, daß es mal Zeiten gab, als es die noch gar nicht gab, alles dunkel, alles trübe –
2. HANDWERKER: Unser Rotgoldstrahler. Unsere Lichtpumpe.
PETER: *(besserwisserisch)* Das steht alles schon viel besser bei Nietzsche in der »Morgenröte«. »Die Lichtschauder des Südens«.
1. HANDWERKER: *(applaudiert)* Ja! das sind die Gedanken, die doch fällig sind.
FRAU: Wie Ihr so daherredet, könnt ihr einen aber auch in Stimmung versetzen. *(streift die Schuhe ab, hält die Füße vor*

die Öffnung) Und der Wind – wie er einen an den Fußsohlen kitzelt.
2. HANDWERKER: Bitte! – Wind – *(Unterarmschlenker)*
1. HANDWERKER: Ein natürlicher Sohn der Sonne. Ein normaler illegitimer Abkömmling. Nach d e r streckt sich nämlich alles. Selbst die Wissenschaften. Selbst der Papst. Und wie lange hat der nicht versucht da gegenan zu rennen mit seiner ganzen katholischen Kirche und allen seinen Heiligen. Mit der dicken Bibel noch in seiner Hinterhand, und was ist?
PAULINE: Nun laßt mich aber auch mal' bißchen mit ins Geschehen! *(macht es sich vorm Loch bequem, blinzelt, knifft die Hände zum Häschen)* Oh schick. Wie Kino. Ich kann den Hasen machen.
OMA: *(plärrend)* Und ich den Wolf! – Ihr sollt mich da hinschieben! *(Schnappt mit den Fingern)*
PETER: *(stürzt zum Fenster, reißt Projektionsleinwand hoch)* Ihr Irrenhaus, ihr! *(Licht vom Fenster)*
FRAU: *(strafend)* Peter. Das hätte ich von dir am allerwenigsten gedacht.
PAUL: Der Peter ist der größte Spielverderber von der Welt. Komm, Ömchen, jetzt fahr ich dich mitten ins Licht. Wo man Ausblick hat und gleichzeitig ins Zimmer kucken kann.
OMA: Ja, du bist mein Paulemann.

4. Stadium: *Nekropolis*

Die Handwerker haben begonnen, die Trennwand zur Abseite abzureißen. Im Mittelpunkt des Zimmers die Großmutter im Bett. An der Tür: Koffer, Schachteln, Taschen. Herein: Familienmitglieder, die Gepäckstücke greifen und nach draußen tragen.

FRAU: Sodom und Gomorrha! – Gottseidank, daß ich mir das in den nächsten drei Wochen nicht mehr mit ansehen muß.
PAPE: Davon ist kein Stäubchen mehr da, wenn wir aus den Ferien zurückkommen. Pauline, Paulemann, kommt, gebt der Oma ein Küßchen.
PAUL: Daß wir gerade jetzt losmüssen, wo alles mitten im Werden ist.
PAPE: Das ist die Abbruchphase. Da sieht jeder zu, daß er soviel Kilometer wie möglich zwischen sich und die Baustelle bringt. Bevor die Tapeten drankommen, sind wir lange wieder da.
PAUL: *(Gibt der Oma einen Kuß)* Na, Oma, dann – ! – toi-toi-toi –

1. Handwerker: Keine Angst. Von einem gewissen Stadium an läuft alles ziemlich ohne Zutun. Da wirkt der Schwung von allein. Wie bei den Mondraketen.
Pape: Daß Sie uns aber nicht übers Ziel hinausschießen, meine Herren.
Paul: Und unsere Handwerker immer schön nach unserer Oma sehen und unsere Oma eisern auf den Fortgang der Handlung achtet. Arbeit stockt leichter als man glaubt. – *(zeigt auf das Loch in der Rückwand)* Sowie der Staub hier abgezogen ist, muß das wieder zu.
Oma: *(hustet)*
Pape: Keine Unvorsichtigkeiten bitte mit der Oma. Die Großmutter ist zu alt für grobe Scherze.
Oma: Ich hab noch jeden Witz vertragen. Hauptsache, es macht jemand welche.
2. Handwerker: *(steigt von der Trittleiter)* Kommen Sie, wir helfen kurz mal heben. *(Beide Handwerker ergreifen Koffer und Kasten. Alle ab)*
Oma: *(atmet tief und erlöst durch)* Luft! Endlich. Wie alt muß einer eigentlich werden, um sich selbständig zu machen? Ja, warten muß man können. Eisern. Wie diese Bettstatt hier, mein Gründerbett. Rausrollen – reinrollen – rausrollen – wen man so abschieben kann, der ist von vornherein erledigt. Der fliegt seiner Asche voraus, der fault seinen Zähnen nach, der rast mit immer größer werdender Geschwindigkeit dem Friedhof zu. Nein, ich will anhaltend sterben und mit großer Anteilnahme. *(greift unter die Decke, zieht eine Hand voll Kot heraus)* Was ist das? – Nichts zum Lachen. – Das hält doch kein Mensch aus ohne gehörigen Druck. Wenn meine Nase noch gut wäre, würde sie sich vor dem Mund darunter abwenden. Welcher Leib würde sich nicht vor sich selber schütteln, wenn in solchen Strömen der Nachtschweiß austritt? – Das werde ich sie alles lehren müssen, zu ertragen. In seinem eigenen Schlamm sich wälzen, aber die Zügel nicht loslassen – darauf kommt es an. *(Zieht Geldscheine unter der Decke heraus)* Die Papiere, die Liebe erzeugen!
Wer noch zehn Jahre hält, der ist praktisch unsterblich, der bekommt vom Facharzt jedes neue Organ, aber die Zwischenzeit muß auch unterhaltsam sein. *(zieht mit der anderen Hand Geld hervor)* Ist das ein gutes Geräusch? *(hält die Scheine ans Ohr und läßt sie rascheln)* Das knistert wie das Leben. Da kann doch keiner weghören, wenn das raschelt. Von diesen

Rücklagen könnte ich mir jederzeit einen eigenen Jauchewagen leisten mit zwei eigenen Müllmännern, die mich durch die Welt kutschieren, aber das will ich nicht. Hier! Hier, von dieser Stelle aus will ich ein neues Reich begründen, mit Hoffnungen, die ich nähre, mit Handgeldern. Mit meinem letzten Willen, der kein Ende kennt. Daß sie sich recken und strecken nach meinen Zwischenkrediten und Testamentsänderungen. Daß sie mich hinauszögern. Daß sie nicht müde werden hineinzublasen in diese verlöschende Glut, die sie am liebsten schon mit Sand bedecken würden, forttragen und ersticken; daß jeder sich wärmen möchte an diesem alten verrußten Kamin. *(Die Handwerker sind unbemerkt wieder hereingekommen und haben sich auf den Boden gesetzt)* – Schlingels! Ihr hier? – Was fällt euch ein, anderer Leute Selbstgespräche mit abzuhören?!

1. HANDWERKER: Mit Verlaub, wir haben laut und vernehmlich gehustet, als wir eingetreten sind.
2. HANDWERKER: Oijoi – aber in unserer Oma steckt ja ein Vulkan.
1. HANDWERKER: Ernsthaft. Wir sind erschüttert.
OMA: Das wollte ich euch auch sehr geraten haben, Lümmels.
2. HANDWERKER: Wir parieren wie die preußischen Grenadiere. Wir hören aufs Wort.
OMA: Auf meines.
1. HANDWERKER: Klarer Fall. Solange die Herrschaften außer Landes sind, unterstehen wir eindeutig den Wünschen und Befehlen der Urlaubsvertretung.
OMA: Ich bin die Wohnungsinhaberin.
1. HANDWERKER: Ah, das ist ein leerer Rechtstitel. Solange da nicht der richtige Dampfhammer hintersteht, können Sie noch so viel mit Ihren Zähnen herumknirschen. Da rührt sich kein Balken im Dachstuhl.
2. HANDWERKER: Was einer nicht wünscht, das fällt auch nicht vom Himmel.
OMA: Die Wand ist schon mal weg.
2. HANDWERKER: *(stößt 1. Handwerker an)* Die Wand?! – Du! –
1. HANDWERKER: Was?
2. HANDWERKER: Ist praktisch weg. *(Geht hin, räumt noch etwas auf)*
1. HANDWERKER: *(reibt sich die Augen)* Deibel! So kann einem das gehen, wenn man mal einige Tage nicht von der Arbeit auf-

blickt. Eben glaubt man noch, das ist für alle Zeiten zugemauert – und plötzlich gähnt da die Freiheit.
2. HANDWERKER: *(applaudiert)* Und das hat alles unsere Oma aus dem Weg geschafft.
1. HANDWERKER: Nur Dank ihrer Autorität. Soll mich wundern, auf was für bahnbrechende Ideen sie sonst noch kommt. *(bricht weiter Wandstücke ab)*
OMA: Einfälle wie Pilze nach Gewitter.
1. HANDWERKER: Das hör sich einer an.
2. HANDWERKER: Klasse! Wir wachsen mit den Aufgaben. *(wuracht)*
1. HANDWERKER: Wir wollen gefordert werden. Auch mal 'n bißchen wo wir mitdenken können. So Abbruch bloß ist für'n Star-Arbeiter auf die Dauer etwas öde.
2. HANDWERKER: Nee, das muß was Plastisches werden.
1. HANDWERKER: Elementar! Schießen Sie los, Oma Pape, und Sie werden sehen, wie wir Ihren Wünschen Beine machen.
OMA: Dann ratet. Ich wünsche mir –
1. HANDWERKER: Bei dem ersten Strich ist man frei. – Sagt Goethe.
2. HANDWERKER: Goethe sprach zu Schiller
Hol aus dem Arsch nen Triller
Schiller sprach zu Goethe –
1. HANDWERKER: Pollux! *(hält ihm den Mund zu)* Raten ist nicht seine Stärke.
2. HANDWERKER: *(prustet sich frei)* Aber doch. Die Oma wünscht sich eine – ein – eine –
1. HANDWERKER: Nichtsda, was unsere Oma wirklich braucht, ist ein –
OMA: Nun?
1. HANDWERKER: Nennen Sie uns ein Stichwort, Oma Pape. Sagen Sie wenigstens »heiß« oder »kalt«, wenn uns was einfällt. So völlig aus dem Nichts kann Ihnen kein Handwerker auf der Welt was in die Stube zaubern.
OMA: Das ist schon mal warm.
1. HANDWERKER: Wiehie?
OMA: Ich wünsche mir was aus dem Nichts.
1. HANDWERKER: Aus dem – ? –
2. HANDWERKER: Hörst du doch, die Oma wünscht sich etwas völlig Neues.
OMA: Was es bisher noch nicht gibt.
2. HANDWERKER: Oh, das wird lustig.

OMA: Etwas Ewiges.
2. HANDWERKER: Hammertoff!
1. HANDWERKER: Ewig ist aber schwer.
OMA: Was man nie wieder aus dem Zimmer wegkriegt.
1. HANDWERKER: Na!?
2. HANDWERKER: Nein, das bringt Spaß.
1. HANDWERKER: Auf Spaß allein lassen sich keine Dynastien gründen. Nachher erfindest du uns noch ein – einen –
2. HANDWERKER: Einen Kachelofen mit Wasserspülung.
OMA: Immer wärmer.
2. HANDWERKER: Etwas Ewiges, aber gemütlich.
OMA: Solide wie ein Denkmal.
2. HANDWERKER: Kurz, eine vollendete Tatsache.
OMA: Als ob der Junge in mich hineinsehen könnte.
2. HANDWERKER: Man kann sich auch einen vollklimatisierten Geldschrank ausmalen.
OMA: Heiß.
1. HANDWERKER: Da schnallst du ab.
2. HANDWERKER: Mit eigener Gasuhr und Stromzähler.
OMA: Heiß. Ganz heiß.
2. HANDWERKER: Dann, hochverehrte Oma, wünschen Sie sich etwas völlig Unerhörtes, was noch keinen Namen hat und was die Baugeschichte einmal exklusiv nach Ihnen benennen wird: die Großmutterpyramide.

Streifenhiäne.

5. Stadium: *Der weiße Peter*

Das Großmutterbett ist fest auf der Bühne installiert: man sieht mächtige Konsolen und Winkelhaken. Unten als Verblendung lasierte Ofenkacheln mit Emblem. Zur Seite weg: Ofenrohr, in den Raum ragend. Oben Laufschienen und Haltegestänge wie über Krankenhausbetten. Frau Pape, putzend, später Paul.

FRAU: *(Mit Putzlappen und Eimer. Drückt das Tuch aus, beginnt das Gestänge zu wienern)* Der Wahnsinn regiert, und ich kann ihn sauberhalten. *(Kopfschüttelnd, verbittert)* Fettfinger! Das nimmt den Dreck an wie nichts Gutes.

PAUL: Wenn man über den ersten Anblick weg ist, wirkt sie schon wieder ganz organisch.

FRAU: *(flennt)* Alles kaputt macht sie uns. Hier. Nichts als Rohre und Stangen.

PAUL: Man muß die alte Frau eben nehmen wie sie ist. Die kann man nicht mehr ändern. *(sieht ins Ofenloch)* Paß mal auf, in einem Monat können wir probeheizen.

FRAU: Nicht mal die Öffnung haben sie inzwischen zugemacht. Da fliegen die Vögel rein.

PAUL: *(sieht ins Bett)* Pst! Die Oma schläft. Die soll am besten weiterschlafen bis sie fertig ist.

Die beiden Handwerker kommen munter und aufgeräumt herein. Sie tragen so etwas wie einen Taucherhelm.

2. HANDWERKER: Da haben wir aber mal wieder was aus dem Boden gestampft, was Alterchen?!

1. HANDWERKER: Ich reib mir jeden Tag aufs neue die Augen. Wir sind die ganz großen Wuracher. *(Sie balancieren die Glocke über dem Bett hin und her)* Kommt das jetzt Loch auf Loch?

2. HANDWERKER: Das backt ohne Kitt. Also. *(sie setzen ab)* Und jetzt kannst du ruhig wieder mit'm dicken Dubbas. *(haut mit Schraubenschlüssel auf die Glocke).* Für d i e ist der Schall jetzt weg. *(zur Frau)* Guten Morgen, gnädige Frau. – Aber wer wird denn weinen angesichts von solchem einsamen Weltenwunder. Sowas hat garantiert kein Nachbar in der ganzen näheren Umgebung.

1. Handwerker: Da mußt du lange suchen. *(legt der schluchzenden Frau den Arm um die Schulter)* Natürlich, so zu Anfang ist das noch'n bißchen schwer sauberzuhalten. Alle die Ecken und Ösen. Lassen Sie das aber erstmal verkleidet sein, dann hat es einen völlig anderen Pfiff.
2. Handwerker: Über vollendete Tatsachen soll man überhaupt nicht heulen. *(Zieht einen Flachmann aus der Tasche, schraubt ihn auf und reicht ihn der Frau zu)* Na, mal 'n Schlückchen aus unserer immer startbereiten Samariterpulle?
Frau: *(wischt Tränen fort)* Die Liebe ist hier raus.
2. Handwerker: *(drängt mit dem Flachmann)* Nix. Nix. Die kommt wieder.
1. Handwerker: Trinken ist nicht schlimm.
2. Handwerker: *(Drückt der Frau die Flasche in die Hand)* Da sind Sie in der allerbesten Gesellschaft. Die halbe Menschheit säuft.
1. Handwerker: Die hat teilweise schon Zustände. Bis auf die Muselmänner. Na, die haben andere Sorgen.
2. Handwerker: Mit'm Tröpfchen Malteser nehmen Sie doch niemandem was weg. Singen wir noch mal'n Trinklied?
1. Handwerker: Hic Malta – hic salta –
2. Handwerker: Neenee, nich sowas Gebildetes. *(singt)* Da droben auf dem Berge, da steht ein Gerüst. Da werden die Frauen elektrisch geküßt.
Frau: *(Hat getrunken und hickst)* Um Gotteswillen. Haben Sie das eben gehört?
2. Handwerker: Schiet is das nich.
Frau: Ich bekomme aber Schluckauf.
2. Handwerker: Das ist ein gutes Zeichen. Da sind Sie auf dem richtigen Wege.
1. Handwerker: Nur nicht aufhören darf man *(hilft ihr nachgießen)*.
Frau: *(kichert)* Ich muß auch lachen. *(kichert)*
2. Handwerker: Alles gut. Alles vollkommen normal.
1. Handwerker: Er ist der große Fachmann. Was durch den alles schon hindurchgelaufen ist! – Ganze Flüsse! –
2. Handwerker: Aneinandergereiht kann das stimmen.
Frau: Es wirbelt so, es perlt.
1. Handwerker: In solcher Stimmung hat Alexander mal den Indus überschritten. Völlig im Kleister. Nicht zu vergessen Goethe. Der hat sich zwei Flaschen Mosel täglich genehmigt. Fast mehr als er gedichtet hat.

FRAU: *(erhebt sich und bewegt sich taumlig-spiralisch)* Ist das immer so, daß man tanzen möchte?
2. HANDWERKER: Wer tanzen kann, ist fein raus. Pitter zum Beispiel. Ich trink meist nur im Sitzen.
FRAU: *(dreht sich)* Ich bin eine Schraube. – Nein! – Was sind denn das für Gefühle. Die gehören verboten.
1. HANDWERKER: Nichtwahr? Und sind trotzdem erlaubt. Dafür wird sogar geworben.
2. HANDWERKER: Über Schnaps könnte ich viel erzählen.
FRAU: *(schließt die Augen)* Nein!
1. HANDWERKER: Sind Sie blind?
FRAU: Das Gegenteil. Ich seh doppelt. Sagen Sie, kriegt man davon den Drehwurm?
1. HANDWERKER: Nicht, wenn man dagegenhält. *(Faßt Frau Pape um die Taille)* Passen Sie auf, wer nur gehörig gegenandreht, der wickelt sich wieder ab. *(tanzt mit ihr)* Der schnurrt das raus wie ein Brummkreisel.
FRAU: Aber Sie! Sie machen mich ja ganz außer Atem. Die Puste bleibt mir weg. *(nimmt die Hände vor das Gesicht)*
1. HANDWERKER: Was jetzt?
FRAU: *(schnaubt)* Ich weiß nicht, was ist. Ich muß auf einmal weinen.
1. HANDWERKER: Das ist ungewöhnlich, aber nicht schlimm.
2. HANDWERKER: Schlimm ist überhaupt nichts. Nicht bei diesen sternklaren Markenschnäpsen. Wissen Sie was? Der Pitter und der Pollux führen Ihnen jetzt mal etwas vor, wobei Sie augenblicklich wieder lachen müssen. *(steigt auf die Bettkante und greift nach einem Holm im mechanischen Betthimmel)* Oh! – lympia! *(ein dilletantischer Aufschwung)*
1. HANDWERKER: Das Wort der Wörter. Und nun – Achtung! – *(trommelt auf seinem Handwerkskasten)*
2. HANDWERKER: *(Macht eine verkrakelte Bauchwelle)*
FRAU: *(Mischung aus Schluchzen und Gackern)*
2. HANDWERKER: Ich kann noch ne Fratze, die Sie garantiert noch nie gesehen haben. *(balanciert grimassenziehend)*
FRAU: *(Gickst albern)* Oje. Jetzt kommt wieder das andere.
1. HANDWERKER: So dicht liegt das zusammen. Lachen und Heulen. Tod und Tanzen. Gicksen und Glucksen. Blühen und Verderben. Und nun die Todeswelle. *(trommelt auf seinem Kasten)* Einundzwanzig – zweiundzwanzig – dreiundzwanzig – *(2. Handwerker ruckelt wie ein Affe am Gestänge)* Die schafft er keineswegs immer –

Frau: *(Klappt in die Hände)* Ohja, die Todesrolle.
1. Handwerker: Pst! Das ist für ihn Gift in solchem Zustand. *(Trommelt)*
Frau: Die kriegen sie nicht fertig in diesem Zustand. Die schaffen Sie nie. *(bereits gekreischt)*
2. Handwerker: *(nimmt Schwung während 1. Handwerker schneller trommelt, will sich hochschwingen, läßt Stange los und plumpst neben das Bett)*
Frau: *(juchzt auf, nimmt erschreckt die Hand vor den Mund. Stille)*
1. Handwerker: *(Da hinein läßt er abrupt den Kasten fallen)*
Frau: *(gickert wieder unfreiwillig auf)*
1. Handwerker: *(Sieht dieses Unglück und lacht!)* Jetzt wo zum ersten Mal echt Grund zum Lamentieren ist. Jetzt ganz genau. *(heran)* Unser armer gestürzter Pollux. Unser Pechpollux. Will Ihnen ne kleine Freude machen, und wie wird ihm das gelohnt?
2. Handwerker: *(röhrt)*
1. Handwerker: Er schlürft und seufzt.
2. Handwerker: Aujaujaujau. Aujau.
1. Handwerker: Ein Anblick zum Heulen, und noch nicht mal in der Krankenkasse. Für den ist niemand mehr zuständig.
Frau: Sie können aber doch alles.
1. Handwerker: Bis auf erste Hilfe. Das ist bei uns wie bei Jesus. Immer den ganzen Kopf voll andrer Leute Probleme, bloß als es um ihn selbst ging: ex, sense.
2. Handwerker: *(nickt)*
Frau: Er hat genickt, haben Sie das eben gesehen.
1. Handwerker: *(nickt)* Das Nicken des Todes.
Frau: *(beugt sich und kniet sich nieder)* Er guckt schon wieder natürlich.
2. Handwerker: *(plärrt lauter)* Aujaujaujau. Komm, Frau, komm.
Frau: Er hat nach mir gerufen. *(faßt ihn an)* Sie haben soeben nach mir verlangt, nicht wahr, Herr Pollux. Sie sind mir nicht mehr böse.
2. Handwerker: Kommen, Frau. *(entblößt den Bauch)* Anfassen. *(Frau legt Hand auf)* Auajaua. Schnaps! *(Frau reicht ihm die Flasche zu, er trinkt)* Und nun du.
Frau: *(Trinkt)* Aber nur, wenn Sie mir versprechen, daß Sie mir wieder gut sind. *(trinkt)* Wenn Sie mich nie wieder so furchtbar vorwurfsvoll angucken. *(trinkt)* Versprechen Sie

mir das, Pollux? *(Reicht ihm die Flasche)*
2. HANDWERKER: *(Setzt die Flasche vorsichtig ab, betastet sich)* Ajau. Ajau.
FRAU: *(streichelt seinen Bauch)* Nichts. Alles weg. Das böse Wehweh, das kleine. *(Pustet in die Finger)* Da fliegt es. *(blickt auf und sieht wieder 1. Handwerker)*
2. HANDWERKER: *(Nickt ernsthaft)* Unser armer Menschenbruder. Ich hol den Samariterkasten. *(ab)*
FRAU: *(animiert, kneift Pollux in den Bauch)* Alles weg. Alles wegwegweg – ? –
2. HANDWERKER: *(öffnet die Hose, linst hinein, dunkel-ahnungsvoll)* B l u t ?! –
FRAU: *(fährt ihm mit der Hand in die Hose und schnell wieder heraus)* Nichts! Einwandfrei trocken. Hier. *(zeigt Hand)*
2. HANDWERKER: *(wackelt auf dem Hintern und quiekt)*
FRAU: *(droht ihm mit dem Finger)* Pollux!
2. HANDWERKER: *(Wackelt, greift jetzt mit beiden Händen in die Hose)* Es juckt. Es juckt.
FRAU: Jucken ist gut. Jucken ist jetzt das allerbeste Zeichen. Das bedeutet, daß Sie auf dem direkten Weg zur Genesung sind. *(gibt ihm einen Klaps)* Herr Pollux.
2. HANDWERKER: Aujau. Ohja. *(zieht sich auf einen Zug die Hose aus)*
FRAU: *(halb wieder auf)* Nein, jetzt übertreiben Sie, Herr Pollux. Von dem, was jetzt noch ist, nehm ich Ihnen nichts mehr ab. *(faßt ihn aber noch einmal an)* Geh! Zieh dich wieder an. Wenn einer kommt, was soll er denken?!
2. HANDWERKER: *(greint)* Schlapp! – Ab! –
FRAU: Das denkt kein Mensch. Jeder denkt was anderes.
2. HANDWERKER: *(lauter)* Mein Leben als Mann ist aus. Davon können Sie sich als Frau überhaupt kein Bild machen.
FRAU: Pst! – Unsinn! – *(faßt ihn an)* Das ist schon wieder im Werden. Das hat sich in diesen wenigen Minuten völlig normalisiert. Sehen Sie selbst. Den Rest muß die Natur machen.
2. HANDWERKER: *(setzt sich halb auf, stiert)* Das soll ein Steifer sein? Huhuhuhu! –
FRAU: Das ist normal. Vollkommen genug für den Augenblick.
2. HANDWERKER: Haben Sie 'ne Ahnung von mir.
FRAU: Ich verstehe mehr als Sie denken. Ich hab drei Kinder. *(von der Seite ist der 1. Handwerker mit einem Rotkreuzköfferchen hereingekommen. Frau Pape bekommt einen Schreck)* Siehie – kommen aber spät. Ich dachte schon, Sie wür-

den gar nicht mehr eintreffen. Ihr Freund hat sich hier nämlich eine furchtbare Verwundung zugezogen. Ein Männerleiden.

1. HANDWERKER: *(öffnet umständlich das Köfferchen und tritt interessiert näher)* Ah-da! Ahjajaja –
FRAU: Und? Ist das etwa kein Krankheitsherd? Dürfen wir ihm unsere Hilfe versagen, nur weil das eine sehr persönliche Verletzung ist?
2. HANDWERKER: *(Geckert, holt sich die Flasche, trinkt)*
FRAU: Geht das schon wieder los? *(nimmt ihm die Flasche weg, gießt Schnaps in die Hand und reibt ihn ein. 2. Handwerker strampelt und krakeelt)*
So helfen Sie mir ihn doch halten. Der gehört vermutlich zu denen, die man zu ihrem Glück gewaltsam zwingen muß. So ein Wildfang! *(gibt ihm Klapse. Pitter kniet sich nieder, auf den Brustkasten des Pollux. Er reicht zwei Schienen und aufgerollte Binden zu)* Dochdoch. Was wir angefangen haben, wird auch zu Ende gemacht. *(Sie legt die Schienen an, beginnt zu wickeln. Der Penis wird zum weißen Knüppel)*
1. HANDWERKER: Ja. Jetzt gedeiht es. Fabelhaft. Wie gelernt. Unter Ihren Händen beginnt sich unser Pollux zusehends zu erholen. Wissen Sie, wie ich Sie in Zukunft nennen werde, gnädige Frau? Den Engel der Baustellen.
FRAU: Ein Wildfang. Aber ein lieber.
1. HANDWERKER: Praktisch ne Diplomarbeit.
2. HANDWERKER: Ah – ah – ah –
1. HANDWERKER: Sehen Sie, wie der sich freut. Völlig natürlich nach dem überstandenen Schreck. Wir sind schließlich auch nicht unsterblich.
FRAU: *(nimmt ihr Handtäschchen von einer Stuhllehne und holt ein Fläschchen mit Nagellack heraus. Malt ein dickes rotes Kreuz auf die Bandage)* So. – Und so. –
1. HANDWERKER: Glänzend. Jetzt kann kein Mensch mehr erkennen, was sich inzwischen alles abgespielt hat. Ein Siegel der Verschwiegenheit.

Eine Tür klappt. Herein: Peter. Er bleibt wie angewurzelt vor der Gruppe stehen.
FRAU: Peter? – Du?! –
PETER: *(will auf dem Absatz herum und hinaus)*
1. HANDWERKER: Herr Peter! Herr Peter!
2. HANDWERKER: *(Klatscht zweimal in die Hände. Peter bleibt stehen)* Wem er kommt, dem steht er. *(Peter will wieder fort)* Hiergeblieben wird. Lassen Sie uns nur nicht mit Ihren schmut-

zigen Gedanken allein, junger Mann.
PETER: Ja, die Jauche tritt schon über die Schwelle.
1. HANDWERKER: Blödsinn. Haben Sie noch nie was von erster Hilfe gehört?
FRAU: *(steht auf, noch ein wenig betrunken und kipplig)* Peter, komm laß es dir erklären.
PETER: *(wendet das Gesicht ab)*
1. HANDWERKER: Nein, hinkucken, hin. Da kann jeder Paster sein keusches Auge draufwerfen. Das ist ein garantiert neutraler Betriebsunfall. Unterm Schutz des roten Kreuzes, oder können Sie etwa keine Symbole lesen, junger Freund.
2. HANDWERKER: *(hält sich die Leisten)* Huhu – Huhu –
PETER: Ihr Irrenhaus. Ihr Schweinestall. Laßt mich raus.
FRAU: Peter! –
PETER: Ich sags dem Vati. Ich will losgelassen werden.
1. HANDWERKER: *(betrübt bedrohlich)* Will losgelassen werden. Sagts dem Vati.
2. HANDWERKER: Ganz traurig. Beinah hoffnungslos.
1. HANDWERKER: Das geht auch nicht mehr über Krankenschein.
2. HANDWERKER: Nee, das ist jenseits.
1. HANDWERKER: Eine geistige Verwirrung.
FRAU: Nicht auszudenken, was der Junge in dem Zustand alles in die Welt setzt.
PETER: *(schreit)* Vati! Paul!
FRAU: *(Hält ihm den Mund zu. Sucht nach einem Stopfer)* Ein Dings, Herr Pitter, ein da –
1. HANDWERKER: So ist es. Tupfer, Schwester. *(reicht ihr Mull)*
FRAU: *(stopft es dem Peter in den Mund)* Du hast doch nicht etwa dreckige Gedanken, Peter?
PETER: *(strampelt)*
1. HANDWERKER: Der ist knackevoll.
2. HANDWERKER: Der läuft schon über.
1. HANDWERKER: Lassen Sie den so unaufgeklärt in die Welt reinplatzen und Sie können was erleben.
FRAU: *(bindet dem Peter noch eine Binde um Kopf und Mund)* Nur zu deinem Besten. Wirklich, Peterle. Sowie du eingesehen hast, daß du so nicht weiterkommst, machen wir dich augenblicklich wieder los.
PETER: *(Tritt nach Frau Pape)*
1. HANDWERKER: Nee, ich muß schon sagen.
2. HANDWERKER: Ich leider auch inzwischen.

FRAU: *(schrill)* Ambulanz! Assistenz!

2. HANDWERKER: *(springt munter auf und naht mit Bandagen. Der Peter wird mit Macht eingewickelt)*

PETER: *(grunzt unter Binden)*

1. HANDWERKER: Die richtige Welt ist eigentlich irrsinnig einfach. Man muß sie nur nicht künstlich mißverstehen wollen.

FRAU: *(Küßt die Verbände)* Ein krankes Kind ist immer noch besser als ein böses Kind.

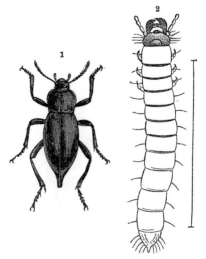

1 Gemeiner Trauerkäfer (Blaps mortisaga), 2 Larve von Blaps producta; beide vergrößert.

6. Stadium: *Metamorphosen*

Die Großmutter ist gewachsen und weiterentwickelt worden. Auf dem gekachelten Bettsockel vorn ein Armaturenbrett. Über der Taucherglocke im Gestänge Lautsprecher. Auf dem Sofa der weiße Peter, festgebunden. Herein Frau Pape.

FRAU: *(mit einem Buch, sie rückt einen Stuhl näher)* Wo waren wir stehengeblieben? *(Blättert)* Fortpflanzung? – Nein. – Eier – Brutpflege – Verwandlung? – Verwandlung! – V e r - w a n d l u n g: Das Junge ist eine Larve; denn es hat in den meisten Fällen nicht die mindeste Ähnlichkeit mit dem vollkommenen Insekt, vermummt vielmehr dessen wahre Gestalt. In eine Art von Leichentuch gehüllt, in einen Sarg verschlossen und gewöhnlich unter der Erde vergraben, liegt es da. Häufig auch webt die Larve ein Gehäuse, ein Gespinst, Kokon um sich, welches durch seine Dichtigkeit und pergamentartige Festigkeit im äußeren die Entstehungsweise vollkommen verwischt. Zwischen dem Larvenstadium und dem entwickelten Insekt liegt die Puppenruhe als Übergangszustand. Erst dann also, wenn es seine Larve und Verhüllungen als Puppe abgelegt hat, erscheint die Imago, das wahre vollendete Bild dessen, was jene noch verbargen. Der vergoldete Schmetterling auf den Grabkreuzen unserer Verstorbenen soll, wie sich jeder dasselbe am liebsten deuten mag, ein Sinnbild sein: für die Auferstehung oder für die Unsterblichkeit der Seele, die dem hinfälligen Körper entwichen ist, wie der dem himmlischen Lichte entgegenschwebende Schmetterling seiner auf der Erde zurückbleibenden Puppenhülle. *(schlägt das Buch zu. Nickt.)* – Wie der ins Himmelslicht entschwebende Schmetterling. *(bindet dem Peter den Mundschurz ab)* Eine lange Geschichte war das heute. Aber eine schöne.
PETER: *(ruckt an den Bandagen, daß das Sofa wackelt)* Ariadne – das Knäuel. Das Schwert. –
FRAU: *(bindet den Mundschurz wieder zu)* Wenn er Verse spricht, kann er nämlich ganz lieb sein, unser kleiner weißer Peter. *(streicht ihm übers Haar, ab)*
Die Handwerker rollen sich aus einer dunklen Ecke heraus wie aus einem Winterschlaf.

1. Handwerker: *(reibt sich die Augen)* Sone Familie ist ne komplizierte Maschine, was?
2. Handwerker: Die muß sich drehen und wälzen.
1. Handwerker: Tut sie aber nicht. Die fault schon auf der Stelle.
2. Handwerker: Bis auf den Herrn Paul. Der rührt sich.
1. Handwerker: Mit seinem Fleiß und seinen Elektronen.
2. Handwerker: Mit Elektronen kannst du mich jagen. Dies Gefummel. *(gähnt)* Uäh! Wenn ich pennen will, stört mich gar nichts. Am allerletzten anderer Leute Arbeit.
1. Handwerker: Nee, die beruhigt. Was unsereinen kribblig machen kann, sind die ungeborenen Ideen, gibts da momentan was neues?
2. Handwerker: Kein Druck. Kein Gefälle. Kein Strom.
1. Handwerker: Na dann – adios! *(rollt sich ein)*
2. Handwerker: Nicht ohne mich, Kollege. *(rollt sich hinter die Maschine)*

Herein Paul mit Schraubenschlüsseln, Strompüfern pp.

Paul: *(Blick auf den Peter)* Die Mißgeburt. *(macht sich an den Armaturen zu schaffen)* Das Muttersöhnchen. – *(schraubt)* Für solchen klaren Fall für die Klinik müssen hier lebenswichtige Arbeiten liegenbleiben. – *(dreht)* Oma hallo, Oma bitte melden. *(schraubt)* Da hat doch wieder jemand Unbefugtes dran herumgedreht. – Ömchen?! Hallo Ömchen?! *(schüttelt den Kopf, bastelt)*

Herein das Paulinchen mit einem Futternapf.

Pauline: Na, was macht unser stummer Kanari? Gelt, ich muß ihn füttern?
Paul: Ruhe im Puff. Großmutter kriegt Zähne.
Pauline: Paul. Es ist halb acht. Das ist dem Peter seine Stunde.
Paul: Jetzt muß ich aber erst den Ton herausbringen. Ich hab der Oma zugesagt, daß sie bis heut abend sprechen kann.
Pauline: Essen ist wichtiger als Sprechen.
Paul: *(wirft den Schraubenschlüssel hin)* Verdammt nochmal. Und das alles für nen sanatoriumsreifen Irren.
Pauline: Ja, glaubst du denn, wir würden den Peter aus dem Haus geben? In die kalte unbarmherzige Verrücktenanstalt? Mama sagt, Nestwärme wäre immer noch hundertmal besser als das allerbeste und modernste Krankenhaus. *(macht die Mundklappe auf)* Und hat sich ja auch schon s o gebessert und beruhigt, unser Peter. *(beginnt, ihn zu füttern)* Komm, Peterle, ein Häppchen für den Pappi – *(Paul wütig ab)*

PETER: *(schluckt wie genudelt)*
PAULINE: Sooo. Und nun für die Mammi.
PETER: *(versprudelt Suppe)*
PAULINE: Für die Mammi nicht? – Aber für das Paulinchen machen wir unser Schnäbelchen noch einmal ganz weit auf. Du! Wenn du jetzt auch noch anfängst, mit dem Paulinchen zu zanken –
PETER: Uh! – uh! –
PAULINE: *(blickt sich vorsichtig um)* Aber nicht jetzt. – Uh-uh wieder morgen.
PETER: Uh! – uh! – uh! –
PAULINE: *(dreht und sieht sich im Kreis um. Hebt dann schnell ihren Rock, läßt ihn aber gleich wieder fallen)* So. Das ist genug für heute. Heute keine Geheimnisse mehr. Richtige Geheimnisse machen wir wieder, wenn das Paulinchen genügend Geld für uns gespart hat. Dann gehen wir beiden auf Weltreise nach Honolulu und Capri und Gretna Green. Dann kann uns keiner mehr reinreden. *(beginnt wieder zu füttern)* Einen Happs für die Oma – *(Peter kippt mit dem Kinn die Schüssel um)* Peter, du bist aber furchtbar unartig heute. Jetzt muß ich schon wieder nachkochen. *(hinaus)*
PETER: *(schreit)* Uhhhhhhh! –
1. HANDWERKER: Hab ich einen Schreck bekommen, mitten im tiefsten Tiefschlaf.
2. HANDWERKER: Schlafende Handwerker aufwecken – Mensch, Dir werd ich *(droht mit der Faust)*.
1. HANDWERKER: Der soll sich mal vorstellen, wenn das alle täten. Was da in diesem kleinen Zimmer los wär.
2. HANDWERKER: Das kann der nicht.
1. HANDWERKER: Ahwatt, der will nicht.
PETER: *(ruckt an den Bandagen)* Der Minotaurus! Die Oma!
1. HANDWERKER: Du laß, der hat'n Sprung in der Schüssel, da kommen wir mit einfach Köpfchen nicht mehr ran.
PAULINE: *(kommt mit einem neuen Schälchen herein)*
2. HANDWERKER: *(hustet)* Häm – häm –
1. HANDWERKER: Da hast du gar nicht so Unrecht. Das junge Fräulein: einmal raus aus der Stube und wieder rein, und schon denkt man, die Brust wär ein Stück gewachsen.
2. HANDWERKER: Häm – häm –
PAULINE: *(versucht, zu überhören)* Willst du noch essen? – *(Peter schüttelt wild den Kopf)* – Happhapp? – *(Kopfschütteln)* Kein Happhapp?

1. HANDWERKER: Die volle Mittagssonne so, wenn die durch die Bluse bricht. Links von der Seite.
PETER: *(wimmert)*
2. HANDWERKER: *(Bewegung mit beiden Händen)* Gewaltig. Wunderbar. *(als das Paulinchen aufblickt, steckt er schnell die Hände in die Tasche)*
PAULINE: Wenn du nicht essen und nicht reden willst, macht das Paulinchen gleich das Kläppchen wieder zu. *(Bindet ihm den Mundschutz wieder fest, überprüft die Ohrenklappen)*
2. HANDWERKER: *(spielt in der Luft Klavier)* Schönschön –
PAULINE: *(schüttelt beim Fortgehen den Kopf)* Herr Pollux, das sind völlig krankhafte Ideen.
1. HANDWERKER: Krankhaft? Bei uns? Mein verehrtes kleines Fräulein, wir verkörpern wenn überhaupt was, die Stimme von dem lieben Mütterchen Natur.
2. HANDWERKER: Häm – häm – die Stimme der stinknormalen Arbeitswelt.
PAULINE: Aber darüber spricht man nicht.
2. HANDWERKER: Nicht sprechen?! –
1. HANDWERKER: Im Gegenteil, darüber muß man sogar sprechen. In aller gebotenen Öffentlichkeit. Andernfalls es der Menschheit nämlich so gehn kann, daß sie an ihren inneren Stimmen plötzlich erstickt. Daß sie einen Kloß in den Hals kriegt. Daß sie gemütskrank wird. Nervenkrank wie Ihr Herr Bruder. Was meinen Sie, was wir Ihnen noch alles über Sie erzählen könnten, da würden Sie aber schön rot werden.
PAULINE: Jetzt schlafen Sie aber sofort wieder ein!
1. HANDWERKER: Ich bin aber wach wie ne Amsel.
PAULINE: Das ist mir egal. Wenn man solche Gedanken erstmal in seinen Kopf hineinläßt, fangen sie gleich an zu tanzen.
2. HANDWERKER: Das ist klar. Gedanken sind das beweglichste von der Welt.
1. HANDWERKER: Wo steht denn das geschrieben, daß der Umgang mit den eigenen Gedanken verboten ist? In der Bibel jedenfalls nicht.
PAULINE: Sie und die Bibel – da muß ich aber lachen.
1. HANDWERKER: Muß lachen! – Pollux, die Schrift!
2. HANDWERKER: *(Zieht zerfleddertes Buch aus der Rocktasche, wirft es dem Pitter zu)*
PAULINE: Haben Sie denn die Bibel immer mit dabei?
1. HANDWERKER: Aber logo. Aber immer. Ohne die beiden Testamente mit den angeschlossenen Propheten ziehen wir

gar nicht mehr auf Arbeit. Bei dem unseren Berufsrisiko *(zeigt auf den Pollux).*

2. HANDWERKER: Alles heilig, alles fromm. Dabei ü r r s ü n n i g e Geschichten. Der alte Lot an seinem Lebensabend, den seine Töchter noch mal richtig auf Trab gebracht haben. Die Judith mit Holofernes – erst probieren sie alle bekannten und unbekannten Stellungen durch des gesamten Morgenlandes, bis ihm bei der letzten plötzlich der Kopf vom Hals abreißt. Die Frau von dem Hauptmann Potiphar – der hellerlichte Wahnsinn, wenn man das mal richtig bei Tag besieht. Je oller, je doller.

1. HANDWERKER: Das ist sie. Das Buch der Bücher. *(wiegt das Buch liebevoll in der Hand und läßt es auseinanderfallen)* Wie das schon fällt! Wie das klafft. Und fast auf jeder Seite eine Offenbarung. Da müßte man seinen eigenen Grips schon gewaltig anstrengen, um auf solche Sprüche zu kommen.

2. HANDWERKER: Weisheit sieben steht geschrieben:
Wie die Weiber Kinder kriegen.

PAULINE: *(ist nähergetreten, versucht ins Buch zu gucken)* Würden Sie mir die mal leihen?

2. HANDWERKER: Mit dem größten... aber nicht, daß wir sie nachher mit Flecken und Eselsohren zurückkriegen! *(reicht es ihr)*

PAULINE: *(knickst)* Danke, Herr Pitter, Herr Pollux.

Herein Paul mit Baulaternen und einer Kohlenschütte. Befestigt die Lampen akkurat an der Apparatur. Blickt böse in die Runde.

2. HANDWERKER: Sauber, sauber.

PAUL: Ihr Loch ist immer noch nicht zu, aber gequatscht wird.

2. HANDWERKER: Öhjöh, ein Ton, der hier herrscht.

1. HANDWERKER Der tüchtige Herr Paul! Aber ungemütlich. *(beide ab)*

PAULINE: *(sieht sich ein Weilchen an, wie der Paul die Lampen justiert. Dann mit der Bibel unterm Arm ab)*

PAUL: *(schaltet, spricht ins Mikrophon)* Hallo Großmütterchen. Ömchen, hörst du mich.

OMA: *(Gepfeife)*

PAUL: Alles übersteuert. Viel zu fest angezogen. – Ömchen! – Paulemann ruft Ömchen. – Ömchen bitte antworten.

OMA: *(Der Ton beginnt sich langsam aus der Verzerrung wie aus dem Chaos zu bilden)* P a u l e m a n – P a u l e m a n –

PAUL: Ja, hier ist dein Paulchen. Der Paul ist da mit den neuesten Abendnachrichten.

OMA: Ihr liebt mich nicht. Ihr stellt mich einmal am Tage ein und laßt mich dann frieren.

PAUL: *(liest Thermometer ab)* Einundzwanzigzweizehntel auf den Strich.

OMA: Dann liegt es am Sauerstoff. Ich habe ein für alle Mal gesagt, am Sauerstoff darf nicht gespart werden.

PAUL: Du bist ungerecht, Ömchen. Du hängst an 'ner frischen Flasche, und wir draußen kratzen hier die Margarine.

OMA: Läßt sie euch wieder Margarine essen?

PAUL: Die Haushaltskasse ist leer. Wir sparen an allen vier Ecken.

OMA: Die Kasse ist nicht leer, die Frau ist geizig. Warte, ich schick dir nochmal Vorschuß durch. Von der eisernen Reserve. *(es klingelt, in eine Zahlschale fällt Geld. Großmutterautomat rumpelt langsam aus).*
Aber daß das auch schön wieder einfließt. Was weiß ich hier drinnen, wo das alles bleibt.

PAUL: Aber Ömchen, das dient doch alles zum Ausbau deiner selbst. Wenn du dich sehen könntest, Augen würdest du machen! Du spielst hier eine Rolle wie die Queen Victoria. Alles dreht sich um dich.

OMA: Erzähl.

PAUL: Wie die Königin von Saba. Die Handwerker haben sogar ihr Monogramm in deinen Sockel eingegraben, so gelungen finden sie dich.

OMA: Ich bin nicht mehr umzuwerfen, nichtwahr?

PAUL: Außer dir kommt nichts mehr voran. Das Loch ist noch immer unverschlossen, du weißt, das Loch, mit dem das alles einmal angefangen hat. Die Decke hängt noch durch. Der Kamin stockt im Ansatz. Übermorgen ist der erste November, und noch weiß niemand, wo er sich im Winter die Füße wärmen kann. *(Macht sich an der Feurungsklappe im Großmutterbett zu schaffen)*

OMA: Dann sollen sie sich um mich herumsetzen. Einer wärmt den andern. Paul, ich möchte, daß man eine Bank um mich herumbaut.

PAUL: *(stochert im Heizungsloch)* Eine Bank? Die bringt nichts.

OMA: Wenn ihr mich richtig aufheizt, kann ich Wärme abgeben. Hast du eben nachgelegt? Ich spüre jede Veränderung gleich in den Fingerspitzen. Sie sollen wissen, daß es ihnen gutgeht, wenn ich mich wohlfühl.

PAUL: Nein, Ömchen, das ist von vornherein die falsche Politik. Jetzt wollen wir nämlich schnell nochmal ein bißchen wachsen.

OMA: *(weinerlich)* Ich will sie wärmen.

PAUL: Noch ein klein bißchen weiter in die Höhe treiben dich. Noch ein wenig mehr in die Breite. Es gibt nämlich bereits Bestrebungen, dich zu verkleiden. Dich völlig abzuisolieren. Jeder Aufbau, den wir nicht rechtzeitig vortreiben, wird dir später fehlen.

OMA: *(plärrt)* Ich will kein Fremdkörper sein. Ich will geliebt werden.

PAUL: Du wirst dich bald nicht mehr wiedererkennen, paß nur auf.

OMA: Paul! Jetzt weiß ich's. Ich gebe einen aus. *(Automat rumpelt, Geld fällt in die Schale, Paul steckt es ein)* Ich möchte, daß man sich um mich versammelt.

PAUL: Das wollen wir mal alles dem Paul seine Sorge sein lassen. Der zerbricht sich schon genug den Kopf über dich. Wie er dich hinausdehnen kann. Wie er dich wetterfest kriegt. Jeden Monat werden neue wunderbare Apparate und Tabletten erfunden. Was gestern die eiserne Lunge war, das ist heute ein Pförtner aus Gummi und morgen ein Herz aus Nylon. Laß uns nur noch die nächsten fünf-sechs Jährchen durchhalten, und wir haben dich einmal ganz rundum erneuert. Dann glaubst du fast selbst nicht mehr, daß du noch lebst. A b e r dein unermüdliches, in Konservierungslösung treibendes Gehirn! Das speichert deine Daten wie zu deinen besten Zeiten, und dein Paul liest dir jeden Wunsch von einem Lochstreifen ab.

OMA: *(singt)* Will Satan mich verschlingen, so laß die Englein singen: Dies Kind soll unverletzet sein.

PAUL: *(schüttet aus der Kohlenschütte Koks für die Nacht nach, schaltet den Lautpsrecher aus)* Eigentlich ein Jammer, daß die Oma doch allmählich senil wird. Ist ein wahrhaftiges Weltenwunder und kann sich selbst nicht mehr verstehen. *(Dreht an Knöpfen)* Die mit Abstand weitest entwickelte und bestausgerüstete Großmutter zwischen Sonnenauf- und Sonnenuntergang. *(klopft ans Thermometerglas)* Zweiundzwanzig. Das reicht.

7. Stadium: *Stellungsbau*

Über dem Kopf der Großmutter ein Destillierapparat mit phosphoreszierenden brodelnden Flüssigkeiten. Zum Loch führt ein Ofenrohr, parallel Kabel und Schläuche: Gas, Wasser, Licht. Paul schlüpft durchs Loch herein.

PAUL: *(Mit Zollstock und Kreide. Er schiebt Peters Sofa ganz an den Rand).* Zò! Das schafft schon mal Luft. – Überblicke. – Erst wenn wir den Leerraum ermittelt haben, können wir uns über die Richtung unsrer Expansionen unterhalten. – *(schreitet die Abstände ab)* Eins, zwei, drei, vier, fünf, sechs – eins, zwei, drei, vier – Nein. Erstmal die vorderen Linien sichern. *(am Ofenrohr entlang)* Hier. Unsere Nervenstränge. Unsere Hauptschlagader. Im Irak haben sie gestern wieder die Pipeline gesprengt. Fünf Millionen Barrels Sprit auf einen Schlag in den Eimer, das soll uns zu denken geben. Abgesehen von unserm natürlichen Recht auf Wachstum, bleibt die Aufrechterhaltung der Oma ein einwandfrei logistisches Problem. *(mit dem Zollstock wie mit einem Marschallstab)* Ein freier Zugang zum Loch – das heißt, daß wir entlang der vorgegebenen Versorgungslinien noch einen Flur durchs Zimmer ziehen. Einen eisernen Korridor. *(malt mit Kreide den Grundriß auf den Boden)* Vollkommen bombensicher. So etwa. *(Eine Weile starr, dann ab durchs Loch)*

Herein Herr und Frau Pape.

FRAU: Bitte!

PAPE: Nein! –

FRAU: Doch. Du siehst es ja. Da wird kein Heim mehr draus.

PAPE: Glaubst du, ich hätte keine Augen im Kopf?

FRAU: Wenn einer pausenlos Überstunden macht und nie zuhause ist –

PAPE: Wo gibt es denn sowas – ein Gehäuse mitten im Gehäuse.

FRAU: Das gibt es dort, wo ihr die Wohnung gehört, und uns fehlen die Worte.

PAPE: Mir nicht mehr.

FRAU: Dann sag.

PAPE: Was man nicht auseinanderkriegt, das muß man isolieren. *(Pause)*. Eindämmen. Abkleiden. Einschränken. Wo sind denn, verdammt nochmal, die beiden Tagediebe? *(will zum Loch)*
FRAU: Die sind nur soweit wie man sie laufen läßt. Albert, was hast du vor?
PAPE: *(entscheidet sich für die Zimmertür)* Wo ein Wille ist, ist auch eine Wand.
FRAU: *(hinterher)* Da paß mal auf, daß einer nicht einen schnelleren Willen hat –
Durch das Loch herein die beiden Handwerker, albern.
2. HANDWERKER: Deibel. Da hätt uns der Alte aber bald erwischt.
1. HANDWERKER: Hat keinen roten Funken Phantasie in seinem Kopf – aber uns läßt er springen.
2. HANDWERKER: Immer nur Reklamationen *(wärmt sich die Hände am Rohr)* Als ob wir das nicht grad noch rechtzeitig hingehauen hätten.
FRAU: *(Mit Schwung zur Tür herein)* Ihr Taugenichtse! *(packt den 1. Handwerker bei der Jacke)* Ihr Tunichtgute. *(packt den 2. Handwerker beim Ohr)* Uns einfach mit unsern Weihnachtswünschen alleine lassen! Die gräßliche Öffnung sollte schon im Herbst geschlossen sein. Meint ihr, wir heizen für die Sterne?
2. HANDWERKER: *(beleidigt)* Da haben Sie selbst mal völlig aufgelöst davorgesessen, gnädige Frau –
FRAU: Ja, damals in der besten Jahreszeit, im Juni.
2. HANDWERKER: Ein dolles Loch. Da waren wir aber auch noch bei Kräften, als wir das geschaffen haben. Ob wir jemals wieder so gut in Schwung kommen?
1. HANDWERKER: *(blickt mißmutig)* Bei der hier fehlenden Begeisterung und Phantasie?
Durchs Loch herein das Paulinchen.
PAULINE: Hat jemand den Papa gesehen? Der hat völlig neue lustige Ideen.
FRAU: Mach nur keine traurigen Witze.
PAULINE: Doch. Der hat seine Stellung aufgegeben. Der zieht ganz zu uns.
FRAU: Der Papa?
PAULINE: Ja, weil er die unaufgeräumte Baustelle nie mehr aus seinen Augen lassen will. Er sagt, er will sich eine neue Existenz im Haus aufbauen. Ein Arbeitszimmer.
2. HANDWERKER: Hoihoihoihoi!

Frau: Ich glaub, mir platzt heut noch der Kopf. Und sowas bespricht er mit dir?
Pauline: Natürlich. Weil wir gut zusammen können. Hier *(zeigt mit ausgebreiteten Armen)* – nein, noch ein bißchen weiter – will er eine Mauer gegen die Oma ziehen. Die wächst uns sonst noch in den Himmel. Und in dem Kabuff, das auf der Seite abfällt, kann Papa noch viel Geld mit Nachhilfe verdienen.
Frau: *(entsetzt)* Nachhilfe?
Pauline: Für dumme Schulkinder von reichen Leuten. Davon ist die Klasse voll. Davon kann ich dem Papa zehn zwölf Stück besorgen.
Frau: *(entgeistert)* Aber der Papa kann doch gar nicht Nachhilfe geben.
Pauline: In Mathematik. Wieso nicht? In Statistik.
Frau: Dafür ist der Papa zu alt.
Pauline: Das lernt er spielend.
Frau: Unsinn. Die pädagogische Ader fehlt.
Pauline: Die braucht kein Mensch bei uns. Ich werd gleich morgen in der großen Pause nachfragen, wer sich von Papa was beibringen lassen will. – Dann kann ich Ute und Susanne auch endlich mal den Peter zeigen.
Frau: Der Peter wird nicht gezeigt. Keinem Menschen auf der Welt. Ideen geistern hier seit neuem durch den Raum – krankhaft! – vollkommen absurd. Ab heute kümmert sich um den Peter einzig und allein nur noch die Mama. Der kommt in ein furchtbares Alter. *(durch die Zimmertür: Pape)* Duhu – ? – ! –
1. Handwerker: *(aufgeräumt)* Guten Abend, Herr Pape.
2. Handwerker: Einen schönen guten Abend. Wir hören gerade, frische Ideen sind im Umlauf.
1. Handwerker: Ganz wunderbar bunte Baupläne.
Frau: Das ist der vollkommene Wahnwitz.
2. Handwerker: Verrückt!
1. Handwerker: Auf was richtiges Verrücktes springen wir an wie die Wüstenlöwen. Das hebt unsre Arbeitsmoral stantepede um vier-fünf Zoll. Bei einer Begeisterung, die uns mitreißt, drücken wir selbst bei Anlaufschwierigkeiten 'n dickes Auge zu.
Pape: Und ob dies verrückt wird, meine Herren.
1. Handwerker: Wir holen aus jedem sein Unmöglichstes heraus. *(Frau schluchzt)* Aber Gnäfrau, wer wird denn jetzt noch weinen?

2. Handwerker: Wo gerade wieder alles zum Lachen ist. *(faßt sie um die Taille)* Bei solcher allgemeinen Freudenstimmung können Sie sich als Einzelne doch nicht einfach ausschließen. *(Kitzelt sie am Kinn)* Kille – kille – *(zu den anderen)* Ich steh bereits unter Dampf, wollt ich nur noch mal betonen.
1. Handwerker: *(hilft dem Pollux aus der Jacke)* Das wollen wir den Pollux aber nicht zweimal sagen lassen.
Frau: *(kreischt)* Über mich geht alles hinweg –

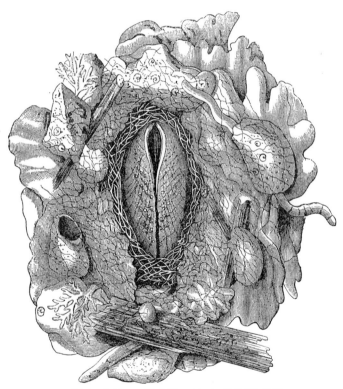

Nest der Feilenmuschel (Lima hians). Natürliche Größe.

8. Stadium: *Nachhilfestunden*

Letzte Arbeiten an Papes Trennwand. Sie besteht aus vier dreieckigen Fertigelementen. Das nach hinten zu liegende Element hat einen Durchlaß für Ofenrohr und Kabel. Der Peter ist von rechts nach links versetzt worden.

2. HANDWERKER: *(singt)* Komm in meine Liebeslaube
   Auf 'n Sack Zement
   Denn in meiner Liebeslaube
   Greif ich dir ins Hemd –
1. HANDWERKER: *(haut an die Wand)* Alles wieder ne Idee zu gut. Wie immer bei uns.
PAUL: *(herein mit seiner Basteltasche)* Na, das ist mir vielleicht 'n Kloben.
1. HANDWERKER: Sie. Junger Herr. Was Sie hier vor sich haben, ist eine Isolierstation mit doppelter Schalldämmung.
2. HANDWERKER: Und immerhin 'n Kubus. Das ist 'n praktischer und ewiger Stil, den kann man sich gar nicht übersehen. Tcha, das wär's wohl. *(Nimmt Abstand)* Bis vielleicht auf unser Monogramm. *(Malt mit Kreide P & P an die Wand)*
PAUL: *(heran)* Halt! Keine endgültige Signatur, bevor wir nicht eine zweite Außenverbindung für die Großmutter geschaffen haben.
2. HANDWERKER: Jetzt noch?
PAUL: Ja. Einen Frischlufttunnel.
1. HANDWERKER: Tut uns leid, was steht, steht.
PAUL: Nicht solange die Großmutter noch ihre eigenen Zukunftspläne hat.
2. HANDWERKER: Was in den Leuten manchmal so vorgeht! *(tippt sich an den Kopf, dann beide ab)*
PAUL: *(Dreht Knöpfe, betätigt Schalter, stellt Musik ein: »In Großmutters Stübchen ganz leise...«)*
OMA: *(Im Lautsprecher: Gähn- und Aufwachgeräusche)* Eine schöne Weckmusik.
PAUL: Nichtwahr?
OMA: Eben warst du ganz leise. Fast wie fort. Weißt du, was

mir die ganze Nacht im Kopf herumgegangen ist? Du sollst mir einen zweiten Maschinisten anlernen. Vielleicht das Paulinchen. Vielleicht die Mutti. Irgend jemanden, der den ganzen Tag im Haus ist.

PAUL: Nicht solange ich da bin.

OMA: Du bist nicht immer da.

PAUL: Nur nicht, wenn ich mal gerade zu Radio-Polluk rüberbin. Sonst pausenlos. *(Pause, Gebastel)*

OMA: Und wenn du einmal stirbst?

PAUL: Dann ist sowieso alles aus. Wenn du zum Beispiel nicht v o r mir stirbst, bist du m i t mir verloren. Dich kann kein zweiter bedienen.

OMA: Das geht nicht.

PAUL: Eine Großmuttermaschine betreuen, ist schwer, kannst du mir glauben. Du bist ein Unikum.

OMA: Alles andere will ich sein, nur nicht das.

PAUL: Das ist keine Frage des Willens, Ömchen.

OMA: Ich hab einen eisernen Willen.

PAUL: *(abschätzig)* Eisen?! – Weißt du, wieviel Eisen noch in dir enthalten ist? Ganze siebeneinhalb Prozent. Der Rest ist Plastik, Glas, Kunstfiber und Elektronik. Bei solchen hochautomatisierten Wesen wie Dir hinken so einfache Vergleiche, merk dir das.

OMA: Dann will ich vollautomatisch werden. Dann will ich mich von innen selbst bedienen können.

PAUL: Nee, Ömchen, wir beiden hängen nun mal zusammen auf Tod und Leben. L e b e n oder T o d ! Von uns darf keiner ausfallen. Für uns stehen die Zeichen auch gar nicht so sehr auf Isolationismus, sondern auf Expansion. Der Raum um Dich herum ist in den letzten Monaten nämlich ziemlich eng geworden. Von rechts hat der Papa sich ein ganzes Drittel von der Stube abgeschnitten. Von links her rücken Dir der Peter und das Paulinchen auf den Leib. Na und dann noch die Mama, weiß der Himmel, was sie vorhat. Pst! Sie kommt.

OMA: Ich will mit der Mama sprechen. Laß mich an.

PAUL: *(knipst Schalter aus)* Vollautomatisch – soweit kommts! *(Frau Pape herein mit dem ganzen Arm voller Bindenrollen)* Nabend, Mama. *(Schaltet Hebel. Im Abgehen)* Nicht an die Oma rühren. Jeder Griff in die Armaturen ist wie Mord.

FRAU: *(Legt die Rollen ab. Beginnt umständlich, das Ofenrohr zu umwickeln. In Papes Kabuff geht das Licht an). Ein kleiner Tisch und ein Stuhl. Der Sack vor dem Schlupfloch wird zu-*

rückgeschlagen. Herein Pape und die Nachhilfeschülerin Ute.
UTE: Nett haben Sie's hier in Ihrem Schneckenhaus.
PAPE: Meinen Sie wirklich? Ich finde es eher praktisch.
UTE: Ganz schön heimelig ist es.
PAPE: Und dabei direkt neben einer Großbaustelle.
UTE: *(klopft an die Wand)* Die hören drinnen nichts?
PAPE: Keinen Ton. Sie können ruhig mit der Faust dagegenschlagen. Die Wand hat eine Schalldämmung von sagen wir ... *(überlegt)*
UTE: Hat das was mit Mathematik zu tun?
PAPE: Ja, mit der angewandten. Heute beschäftigen wir uns aber erstmal mit der sogenannten reinen. Ich habe Ihnen extra eine kleine Aufgabe vorbereitet. *(schiebt ihr einen Block zu)*
UTE: *(brütet, während Pape an die Wand trommelt und das Gewicht von Bein zu Bein verlagert)* Ich lös es nicht. Ich lös es nicht. In jedem gleichschenkligen Dreieck sind die Winkel –
PAPE: Das einfachste!
UTE: In jedem gleichschenkligen – in jedem gleichschenkligen – *(stellt sich hin, spreizt die Beine)* Im Kopf allein begreif ich das einfach nicht. Ich muß das eben mal ausprobieren.
PAPE: Ein Schenkel hier. Ein Schenkel da. Beide Schenkel gleich, und was dazwischen ist, der Leerraum – ? –
UTE: *(beugt sich vor, blickt zwischen den Beinen durch)* Das Dreieck seh ich auch.
PAPE: *(etwas ungehalten)* Also?!
UTE: Das Dreieck zwischen Schritt und Fußboden –
PAPE: Ja, ja – und was ist nun die Basis?
UTE: Die müssen Sie mir einzeichnen.
PAPE: *(Holt Kreide aus der Tasche, zeichnet auf den Fußboden)* So.
UTE: Ahso!
PAPE: Natürlich. Drei Winkel. Da. Da. *(zeigt nach unten)* Und dann eben – da noch. Und wenn Sie sich jetzt einmal die beiden Basiswinkel ansehen –
UTE: Unten an meinen Jesuslatschen?
PAPE: Ganz unten an der Basis. Hier *(fährt die Winkel nach)* Die beiden spitzen kleinen Winkelchen, wie nennen wir die, na, nun hab ich es beinah schon verraten.
UTE: Spitz? – Spitze Winkelchen!
PAPE: Richtig. Und nun der Winkel oben an der Spitze?
UTE: Das ist der spitze Winkel.
PAPE: Nein!

UTE: Nicht spitz? *(fühlt hin)*

PAPE: Mein liebes Fräulein Ute, dieser Winkel an der sogenannten Spitze *(zeigt mit verklemmtem Finger)* – ja?

UTE: Der ist kein spitzer Winkel, ich versteh.

PAPE: Gar nichts verstehen Sie, der Winkel an der Spitze kann mal spitz sein, kann aber auch wieder stumpf sein, er kann sogar rechtwinklig sein –

UTE: *(stellt sich aus Bequemlichkeit wieder gerade)*

PAPE: Die Beine auseinander!

UTE: *(macht erschrocken einen weiten Spreiz)* So?

PAPE: Noch weiter.

UTE: Das ist ja fast Spagat.

PAPE: Das ist Spagat und gleichzeitig ein stumpfer Winkel.

UTE: Der ist aber anstrengend.

PAPE: Die ganze Mathematik ist anstrengend.

UTE: Mich zerreißt's.

PAPE: Was man nicht im Kopf hat, muß man in den Beinen haben. Bleiben Sie so stehen und jetzt fällen Sie von oben her das Lot *(reicht Lineal)*.

UTE: *(beugt sich mit dem Lineal vor und kippt nach vorn)* Nein, das kann ich aber nicht, gleichzeitig rechnen und das auch noch nachmachen. Das Lot müssen Sie schon fällen.

PAPE: Ich? –

UTE: Was meinen Sie, was das in den Beinen zieht. Ich hab meine Tage. Ich bin extra vom Turnen freigestellt.

PAPE: *(konfus)* Also. Also dann – das Lot – das Gegenteil von dem Lot, naja, eigentlich ist es das gleiche, die sogenannte Mittelsenkrechte –

UTE: Machen Sie schnell. Ich hab schon Muskelkater.

PAPE: *(Kniet)* Die Senkrechte, ja? Die Senkrechte, welche auf der Grundlinie eines gleichschenkligen Dreiecks errichtet werden kann – hier! – *(malt)* geht durch die Spitze des Dreiecks und halbiert den Winkel an der Spitze! *(fuchtelt mit dem Lineal)*

UTE: H a l b i e r t ?

PAPE: Halbiert! Halbiert! Hier! Da! *(steckt ihr das Lineal zwischen die Beine)* Mittendurch. Der Winkel wird geteilt. Und zwar hälftig! Das müssen Sie doch geradezu körperlich spüren. Das –

UTE: *(klemmt das Lineal ein)* Aber Herr Pape!

PAPE: *(Kniend. Die Arme ausgebreitet. Dann sich mit einer Hand vor den Kopf schlagend)*

UTE: *(Das Lineal noch zwischen den Beinen)* Herr Pi – Pa – Pape.
PAPE: Wiehie?
UTE: *(auf die Knie herunter, legt Arme um seinen Hals)* S i e - h i e?
PAPE: *(packt sie)* Du! *(küßt sie)*
UTE: Aber Herr Pape, beibringen müssen Sie es mir noch. Ich muß es richtig begreifen. Auch wenn ich von Natur aus dumm bin. Sonst flieg ich nämlich von der Penne und muß bei Hertie Ringordner verkaufen. *(küßt ihn)* Wissen Sie, wonach Sie schmecken? Nach Kreide. *(Ein Wecker klingelt)* Oh, die Stunde ist schon rum. *(springt auf, beginnt sofort Sachen zu pakken)* Jetzt komm ich grad noch rechtzeitig zu »Tom und Foxi«. *(ab durchs Schlupfloch)*

Wirkungen vereinter Kräfte.

9. Stadium: *Die Verwicklung*

Wohnraum mäßig erleuchtet. Pape kommt herein und macht große Lampe an. Hervortreten, knallweiß bandagiert, Ofenrohr und Gestänge. Bandagenenden hängen hier und da herab.

PAPE: *(spitzfüßig umherschleichend. Zur Großmuttermaschine)* Die tut auch so, als ob sie nichts als ticken könnte – tick – tick – tick – tick – und dabei hört sie drinnen jeden Ton. *(Zur Wand des Bunkers. Prüft mit dem Finger die Stelle, wo das Ofenrohr einmündet)* Überall kritische Stellen. Richtig sicher ist gar nichts. *(legt das Ohr an die Wand)* Jetzt müßte man gleichzeitig drüben sprechen können. *(Herein das Paulinchen. Pape schreckt zusammen)*

PAULINE: *(maulig)* All dieses schreckliche Weiße.

PAPE: *(sieht sich um, zuckt mit den Schultern)* Tcha –

PAULINE: Genau wie ein Krankenzimmer.

PAPE: Das richtet sich nun mal nach dem Peter. Das hat sich die Mama extra für den Peter ausgedacht.

PAULINE: Armer Peter.

PAPE: Laß das der Mama ihr Problem sein. Lieber hilf ihr ein bißchen wickeln. – Aus Weiß kann noch alles werden. Weiß deckt.

PAULINE: *(greift pomadig nach einem Bindenende, wickelt es ums Handgelenk)* Ach! *(will wieder ab)*

PAPE: Paulinchen, wohin willst du?

PAULINE: Tagebuch führen.

PAPE: Aber du kannst doch gar nicht richtig Tagebuch führen. Dafür bist du noch viel zu klein.

PAULINE: Ich schreib einfach alles auf.

PAPE: Was auf? Wenn man Fragen hat, kommt man damit vertrauensvoll zum Papa.

PAULINE: Was ich seh und nicht versteh. – Papa, in unserer Klasse sind die meisten Mädchen schon völlig aufgeklärt. Die kriegen zum Teil schon Kinder.

PAPE: Bist du wahnsinnig geworden?

PAULINE: Einige verdienen auch schon von selber Geld. Davon können sie mich zum Eis einladen.

PAPE: *(streng)* Was du an Eis brauchst, bekommst du vom Vati. Zuviel Eis ist übrigens ungesund. Das kann sogar lebensgefährlich sein. (*Zieht Portemonnaie und gibt Pauline Geld*) Und bedenke, wer dir Geld gibt, der will auch was dafür.

PAULINE: *(knickst)* Oh danke, Pappi.

PAPE: Und den schlimmen Geschichten wirst du in Zukunft ganz weit aus dem Wege gehen, hörst du? Auch nichts davon ins Tagebuch schreiben. Aufgeschriebenes haftet. Das kann der größte Unsinn sein, aber irgendwo hält man es dann für eine richtige Wahrheit.

PAULINE: Ich selber tu doch nichts Böses, Papa. Ich weiß nur allerhand, was ich nicht begreif. (*Pape blickt beklommen. Pauline beginnt, den Peter zurechtzumachen. Pape ab. Pauline klopft an die Verbände wie an eine Tür*) Bist du wach oder stör ich dich wieder in Gedanken? (*streichelt seine Beine*) Weißt du was? Der Vati hat mir heute Geld für Eis gegeben. Und von der Ute hab ich auch noch zweifünfzig. Wenn das so weitergeht, hab ich bald das Reisegeld zusammen. Dann können wir weg.

PETER: (*Bewegt sich unter den Bandagen*)

PAULINE: Wie stark bist du? Wie ein Holzhauer? Wie der Eisenhans? Wie ein Entfesselungskünstler? Im Zirkus Busch war einer zu sehen, den hatten sie ganz in Ketten geschlagen. Zuerst die Arme. Dann die Beine. Und dann die beiden Hände noch in Schellen. Aber das hat denen alles nichts genützt, der hat nämlich seine Oberarme nur ein bißchen bewegt und auf einmal – zackpeng! – ist er vor ihnen dagestanden, völlig frei, und die Ringe und Ketten sind nur so an ihm heruntergerasselt. (*Prüft seine Bandagen*) Wenn du so stark bist, wie das inzwischen hart ist! Bei dem vielen Schlaf, den du kriegst! Und verbrauchen tust du ja auch nichts. (*Öffnet die an Scharnieren befestigte gipserne Hosenklappe. Faßt hinein. Zieht die Hand dann flink wieder heraus*) Nein, heute nicht mehr trockenlegen. In der Schule sagen sie schon, wir gehen miteinander.

Die Mutter kommt herein. Paulinchen schlägt eilig die Klappe zu und duckt sich hinter das Sofa. Volles Licht. Im gleichen Moment öffnet sich die Tür von Papes Kabuff, schaltet Pape das Licht herunter. Hinein: Pape und Ute.

FRAU: (*Hängt einen Adventskranz ins Gestänge, beginnt an einem losen Bindenende weiterzuwickeln*) Die letzten zwanzig Meter. Und auch die schon vom Haushaltsgeld abgeknapst. Und es hätte so schön werden können. Mit nur einem bißchen gutem Willen. (*Zum Peter, sieht die unverschlossene Hosentür*) Hat die Pauline wieder an dem Peter herumgespielt? Wie

oft soll ich ihr noch sagen, daß sie an der Klappe nichts zu suchen hat.
Herein Paul. Die Mutter zuckt wie ertappt zusammen und verschließt die Klappe.
PAUL: *(sieht nur auf den Adventskranz)* Mutter!
FRAU: Der arme Junge, ja.
PAUL: Der läuft uns nicht weg. Wer hat der Oma diesen Unfug ins Gerüst gehängt?
FRAU: Unfug nennst du das? In vier Wochen ist Weihnachten, und die Oma steht noch immer unverkleidet da. Sag ihr, ich hätte ein dringendes Gespräch mit ihr zu führen.
PAUL: Aber nicht mehr vorm Fest.
FRAU: Dochdoch, mein Junge. Es gibt gewisse Spannungen in diesem Zimmer, die man nur von Frau zu Frau besprechen kann. Sieh mal – wie die Oma so dasteht, eigentlich furchtbar traurig, den ganzen Tag im Unterzeug und überhaupt nichts mehr von ihrer früheren Stattlichkeit. Nein, Großmutter muß die Harmonie mit ihrer Umgebung wiederfinden. Wenn alte Leute merken, daß sie nicht mehr dabei sind, bauen sie innerlich ab.
PAUL: Aber Oma funktioniert noch genau so gut wie Siebzigeinundsiebzig. Ihre Daten sind in den letzten drei Jahren konstant geblieben. Die Skalen lügen nicht.
FRAU: Ich kenn die Oma besser als die Skalen. Eine hübsche Verkleidung würde ihr weitaus besser gefallen, als dein ganzer pausenloser Fortschritt.
PAUL: *(zuckt lakonisch die Schultern)* Die Oma lebt vom Fortschritt. Jetzt stehen bleiben wäre schlimmer als Gift für sie.
FRAU: Sie muß sich setzen.
PAUL: Ja. Später. Jetzt müssen wir erst noch einen Korridor zum Luftloch schaffen. *(konstruiert der Mutter in der Luft was vor)* Eine Frischluftschleuse, weißt du. Einen Energietunnel. Solange sie nicht über ein eigenes Versorgungssystem verfügt, bleibt ihre Gesundheit immer nur so lala. – Ob Ihr es nun glaubt oder nicht, die Wand muß nochmal auf.
FRAU: Nie im Leben. Und auf keinen Fall vorm Fest.
PAUL: Es gibt Sachzwänge.
FRAU: U n d Familientraditionen. Entweder du stellst mir bis heute abend eine Verbindung zur Großmutter her oder –
PAUL: Mama! –
FRAU: – ich alarmier die Bauaufsichtsbehörde. Die gibt es nämlich auch noch.

PAUL: Nein, das tust du nicht.
FRAU: Den Schornsteinfeger. Das E-Werk.
PAUL: Wenn du willst, daß die alles kaputtmachen –
FRAU: Ich kann auch sofort anrufen.
PAUL: Also gut. Also bis morgen früh mach ich dir eine Leitung frei. Nur damit es nicht nachher heißt –
FRAU: *(im Abgehen)* Von Amts wegen ist von dieser ganzen Veranstaltung nämlich nur die Hälfte noch erlaubt.
PAUL: *(für sich hinterher)* Noch Außenstehende mit hereinziehen, soweit kommts.

Paul schaltet die Großmutter an. Sie beginnt zu rumpeln. Auf Knopfdruck Lied »Großmütterchen-Großmütterchen«.

OMA: *(krächzend)* Ich bin krank, Paul. Meine Luft ist nicht mehr so gut wie gestern. Meine Därme versagen. Mein Herz klopft. Meine Füße sind kalt. Ich bin am Ende.
PAUL: Wie du dich fühlst, ist dein Privatvergnügen, Ömchen, deine Werte sind völlig normal.
OMA: Meine Zeit neigt sich. Durch meine Pulse rinnt Sand.
PAUL: Das sind nichts als Halluzinationen. Wart, ich geb dir Zunder. *(dreht an einem Hahn)*
OMA: Paulemann! Paul. Paul.
PAUL: Nichtwahr, ich hab dich in der Hand?
OMA: Jetzt treib es aber nicht zu schlimm – du Tausendsassa!
PAUL: Der Paul und seine Oma.
OMA: Ah – ah –
PAUL: Der Großmutterpaul.
OMA: Jetzt lauf ich wieder wie geschmiert. Wie seltsam.
PAUL: Das ist nicht seltsam, Großmutter, das liegt in der Logik der Natur. Mittels einiger Handgriffe und Chemikalien kann ich dich augenblicklich in Zustände versetzen, die mit dir selbst nicht mehr viel zu tun haben.
OMA: Dann will ich diese gute Stimmung nutzen und Frieden schließen. Ist nicht bald Weihnachten?
PAUL: In vier Wochen.
OMA: Das Fest der Liebe.
PAUL: Darüber gibt es ganz verschiedene Ansichten. Manche zum Beispiel sagen: bis Weihnachten müssen wir der Oma aber Zügel angelegt haben. Die wollen dich eindämmen. Andere wieder meinen, daß du spätestens bis Neujahr nochmal einen großen Hopser machen mußt. Keine Angst, wir werden dich bis dahin schon verwirklichen.
OMA: Ich habe Feinde, nicht wahr?

Paul: Du hast den Paul. – Nur keine Bange, Ömchen, als dein Vermögensverwalter werd ich mich zuerst mal um eine günstige Anlage von deinem Bargeld kümmern.
Oma: Das schöne Bare? Da behalt ich die Hand drauf. *(Scheine rascheln)*
Paul: Aber Oma, hier draußen herrscht ein Geldverfall, von dem du dir in deiner Dunkelkammer gar kein Bild machen kannst. Du hast einen Anspruch auf Sicherheit.
Oma: Ich will mein Testament machen. Damit reich ich zu Weihnachten allen Beteiligten die Freundschaftshand.
Paul: Du wirst dir nicht selbst im Wege stehen! *(dreht am Hahn)*.
Oma: Paul. Was ist? Hilfe!
Paul: *(dreht weiter ab)* Gar nichts ist. Du bist noch unvollkommen und läßt nach, wenn der Paul nicht pausenlos nachfaßt. Die Zeit ist nicht spurlos an dir vorübergegangen.
Oma: Ich ersticke.
Paul: Klar, das ist Luftmangel.
Oma: Ich brate, ich röste.
Paul: Alles, wie ich gesagt hab.
Oma: Luft!
Paul: Die kriegst du bald durch den Kanal.
Oma: Mörder! Hilfe! Mörder!
Paul: Nix. *(drückt Hebel herunter)*
Oma: Phhhhhhhhhh –
Paul: Nichtwahr? Das Leben aushauchen ist nämlich gar nicht so leicht wie man denkt. Ich arbeite unentwegt an dir. Ohne mich wirst du bald überhaupt nicht mehr sterben können. *(schaltet)*
Oma: Au – au! –
Paul: Das war die böse Seite. Die Seite, die wir nicht mögen. Und nun wieder die gute *(kurbelt, knipst)*.
Oma: *(Das Geräusch von entweichender Luft)* Pfffffchchchch –
Paul: Die wunderbare. Der Himmel auf Erden. So kann es bald immer sein, wenn wir vom Handbetrieb auf die Klimaanlage übergegangen sind. Eine Vorwegnahme von Paradiesfreuden. – *(schaltet)* Großmütterchen, hallo! – *(Keine Antwort, Paul nervös)* Mannometer, da hat doch wieder jemand an der Tastatur herumgespielt. *(fummelt)* Ärrr – also – genau überlegen – eiseskalt. – Irgendwann hilft nur noch die Kälte: hier die Luft, dort Temperatur, da Sprache – Einlauf, Ausgang, Musik, Tresor, Nachtkasse und Notschalter *(pro-*

biert) – Na! – *(noch einmal)* Na!!! – *(Geld fällt in die Schale)* Wenigstens das! Und nun noch einmal. *(Geld fällt)* Gottseidank. *(sucht)* Vollmachten, Testament und letzter Wille. *(lauscht, hat Geräusche gehört)* Momento. *(Geht zum Peter, lauscht an seiner Brust. Blickt hinter das Sofa, entdeckt das Paulinchen)* Pauline! Was schleichst und spionierst du hier so heimlich herum.
PAULINE: Ich leb hier wie jeder andere. Nur ein bißchen leiser.
PAUL: Frechheit. Du beobachtest mich.
PAULINE: Ich sitz ganz still und friedlich in unserm Gemeinschaftsraum und du – gehst der Oma heimlich an die Kasse.
PAUL: Wie bitte?
PAULINE: Glaubst du, ich weiß nicht, was ein Zahlschloß ist.
PAUL: Überhaupt nichts weißt du. Ich bin der Generalbevollmächtigte von der Oma.
PAULINE: *(kichert)* General –
PAUL: Ihr Automatenfachmann.
PAULINE: Automatenknacker.
PAUL: P a u l i n e !
PAULINE: Zehn Mark, wenn ich dichthalt.
PAUL: Bist du total plemplem?
PAULINE: Mitwisserschaft kostet.
PAUL: Paß bloß auf, daß du mit solchen Sprüchen nicht mal auf den Bauch fällst. *(Zieht einen Schein aus der Tasche, gibt ihn Pauline nachlässig)*
PAULINE: *(nimmt, besieht)* Wieso?
PAUL: Daß du nicht eines Tages mal zu viel weißt.
PAULINE: Ich hab keine Angst. Ich bin das Paulinchen.
PAUL: Das bleibst du nicht ewig.
PAULINE: Dann heirate ich einen starken Mann wie den Eisenhans aus dem Märchen. Wie den Zundelfrieder. Den Köhlerpeter. Oder einen berühmten Detektiv wie Paul Temple.
PAUL: Ein einziger Ton in der Öffentlichkeit, und der Paul – *(gibt ihr noch ein Fünfmarkstück)* Reden ist Silber, Schweigen ist Gold.
PAULINE: *(kassiert fröhlich)* Ich werd noch öfter schweigen. Bin ich doof und mach mir selbst meine laufenden Quellen zu? *(hüpft munter fort)*
PAUL: *(Prüft noch einmal die Großmutter durch)* Luft, Licht, Ton, Wärme, Blutdruck, Tresor, Testament. – Nichts zu machen. Finito. – Aber das dürfen wir auf keinen Fall dem Zugriff der Unbefugten überantworten. Wo das Leben raus ist,

regieren, ob man will oder nicht, die Schmeißfliegen. Eine Leiche, wenn sie sich erstmal herumspricht, wird von den Hyänen aufgebrochen. – Wir werden der Großmutter einen Panzer anlegen, gegen den die Pyramiden von Gizeh Kartenhäuser sind. – *(Mutter herein. Morgenrock. Wirres Haar)* Gut, daß du noch einmal reinguckst, Mama.
FRAU: *(Zieht ein Schulheft aus der Tasche des Morgenmantels)* Paul, ich muß mit euch reden.
PAUL: Mit ihr brauchst du nicht mehr. Ich hab mit ihr bereits gerungen wie Jakob mit dem Engel, da hat sie ihr Ja-Wort gegeben.
FRAU: *(gibt ihm das Schulheft)* Hier. Diese Notizen werfen alles um.
PAUL: Aber nichtdoch, Mama, spätestens am heiligen Abend wird die Oma im Festkleid vor uns stehen. *(zieht Geld bündelweise aus der Tasche)* Weißt du, was wir damit alles anfangen können? Nein, das ahnst du nicht. Sonst würdest du nämlich sofort an die Decke springen. Damit bauen wir der Großmutter einen Stahlbetonmantel mit richtiger Marmorverkleidung. *(liest)* »Pauline Papes Tagebuch«? Was hat denn das zu bedeuten?
FRAU: Das werden wir erst sehen, wenn die Wand durchbrochen ist.
PAUL: Das Paulinchen lügt doch aber. Das lügt wie gedruckt. *(blättert)* Steht etwas über mich drin?
FRAU: Über den Papa. Über Peter. Über alle. *(nimmt ihm das Heft wieder ab)*
PAUL: Was steht über mich? Das wird doch sicher voll sein von mir.
FRAU: *(liest stumm, sucht, greift sich an den Kopf)* Woher das Kind das hat?!
PAUL: Die Pauline ist kein Kind mehr. Die ist die längste Zeit Kind gewesen. Eine Bestie in Kindergestalt.
FRAU: *(zur Wand)* Die wahre Bestie sitzt dort.
PAUL: Nana –
FRAU: Paul. Dein Vater ist ein Unhold. In Papa haben sich alle bisher am meisten getäuscht. Er ist der schlimmste im ganzen Haus. *(liest aus dem Heft vor)* »In der Schule sagen sie, Ute hat was mit ihrem Nachhilfelehrer. Ich hab Ute gefragt, und sie hat mir ein Eis spendiert, falls ich schweige.« M i t   i h r e m   N a c h h i l f e l e h r e r ! weißt du, wer das ist? Das ist Papa mit seinem Geheimkabuff. – Aber der werden wir

beide Ohren machen, dieser Abschirmwand.
PAUL: Erst die Marmorverblendung!
FRAU: Nein, zuerst muß der Dreck aus der Welt.
PAUL: So in Form einer Pyramide, weißt du, Mütterchen. An den Seiten schön weiß und glatt und nach oben zu spitz. Du wirst sehen, am Ende ist es das, wovon du selber geträumt hast.
Die Tür öffnet sich. Handwerker herein. Paul und Mutter erstarrt.
2. HANDWERKER: Kling-klang-klong – auf Klingeln hört wohl keiner mehr.
1. HANDWERKER: Nun mach aber erstmal einen richtigen Diener und sag »Entschuldigung«. (*zur Frau*) Wir müssen nur ganz kurz an unsere Arbeitsunterlagen.
2. HANDWERKER: (*Diener*) Den Hammer und die Wasserwaage.
PAUL: (*süßspitz*) Guten Abend, die Herren Handwerker. Schön, daß Sie gerade in dieser weltgeschichtlichen Minute bei uns hereinplatzen. Hier erwartet Sie nämlich noch so etwas wie die letzte Arbeit des Herkules.
2. HANDWERKER: Herkules? War das nicht dieser Doofe? (*Zieht eine Fratze: Backen aufgeblasen, Augen schielend*)
1. HANDWERKER: Der Mann am Scheidewege. Wir müssen nämlich weg.
FRAU: Nicht ohne einen allerletzten kleinen Wunsch, Herr Pitter, Herr Pollux.
2. HANDWERKER: Immer so letzte Wünsche.
1. HANDWERKER: Das sind die gefährlichsten. Die können nämlich kein Ende finden.
FRAU: (*ringt die Hände*) Ein Loch durch die dumme Wand.
2. HANDWERKER: Ohne uns. Ein Loch haben wir schon einmal geschaffen. Das hat uns nur Undank gebracht.
PAUL: Aber die Großmutter werden Sie uns noch sachgemäß verkleiden! So in Form einer Pyramide. An den Seiten weiß und glatt und nach oben zu spitz. (*reicht dem Pollux ein Bündel Banknoten*)
2. HANDWERKER: (*stößt den Pitter an*) Ist eine Pyramide ein unlösbares Problem für uns? (*zeigt das Geld*) Der wünscht sie sich wie verrückt.
1. HANDWERKER: (*Zieht eine krause Nase*)
PAUL: (*reicht auch dem Pitter ein Bündel*) Eine wirklich klassische Form, und f ü r   S i e eine wirklich ganz große Visitenkarte.

FRAU: *(flehend)* Die Wand, Herr Pitter! *(zum Paul drohend)* Paul, das Tagebuch!
PAUL: Finanzier ich dem Paulinchen ihr Gespinne? Nachher komm ich gar nicht drin vor.
FRAU: *(Blättert, liest)* Dreiundzwanzigster November. Als ich heute hinterm Sofa saß, hat der Paul –
PAUL: *(greift sich das Buch)* Nur um des lieben Friedens willen! *(Bündel Banknoten an die Mutter)*
FRAU: *(gibt das Bündel an den Pollux weiter)*
2. HANDWERKER: *(zählt durch, gibt die Hälfte dem Pitter)* Mensch, unsere Gutmütigkeit.
1. HANDWERKER: Also dann – horrido!
PAUL: Das war ein Männerwort.
1. HANDWERKER: Was meinen Sie denn, aus welchem Geist sonst Pyramiden entstehen?
2. HANDWERKER: Aus gar keinem.
FRAU: Und Mauern hinfallen?
2. HANDWERKER: Pitter, wie funktioniert eigentlich Denken?
1. HANDWERKER: *(Zickzack mit der Hand von der Mauer zur Oma)* Um die Ecke – und dann mit'm Ruck.
2. HANDWERKER: *(Pliert über den Daumen)* Ja. Doch. Das könnte gerade eben haargenau hinkommen.

10. Stadium: *Das Geheimnis der Pyramiden*

In der Stube ein grauer Morgen. In Papes Kabuff Dunkelheit. Das Paulinchen beim Peter; knöpft ihm die Ohrenklappen ab.

PAULINE: *(zunächst flüsternd, dann heftiger)* Soll ich dir was vom Wasser erzählen? Vom Schnee, vom Hagel, vom Eis? Oder lieber vom Wind? Oh, den hast du sicher schon völlig vergessen. Weißt du überhaupt noch, wie der macht? *(vor seinem Gesicht mit der Hand)* Pfjjjjjjchchchchch – wie ein Verrückter hat er letzte Nacht am Haus herumgerissen. Den ganzen großen Kastanienbaum im Hof hat er geviertelt – einmal so – einmal so – so haben wir ihn heute Morgen auf der Erde gefunden. Und die Fernsehantenne hat er unten in ein Auto reingeschmissen. Und an der Küste hat er drei ausländische Schiffe versenkt – eins aus Sibirien, eins aus Liberien und eines aus Nigerien. – Du, keine Angst bekommen, Peterle, wir beide reisen ganz woanders hin. Wo die Südsee immer dreißig Grad hat und wir uns nachts nur mit Bananenblättern zudecken brauchen. Die sind fast länger als ich. *(bindet ihm den Mundschurz ab, küßt ihn)* Jetzt aber Schluß. Ich mach schon mal das Wasser warm für deinen Wickel. Wir müssen langsam versuchen, dich aufzuweichen. *(ab)*

In Papes Kabuff geht das Licht an, Pape und Ute. Ute, klappernd, unter einer Wolldecke heraus.

UTE: *(geht zum Ofenrohr, will sich die Hände wärmen)* Eiskalt. Und du hast mir versprochen, daß das Rohr das ganze Zimmer wärmt.

PAPE: Seltsam. Die können die Großmutter doch nicht einfach abgeschaltet haben.

UTE: Wen?

PAPE: Na, die Oma, die Großmutter, mit der das Rohr direkt zusammenhängt.

UTE: Habt ihr ne heizbare Oma, oder wie seh ich das?

PAPE: Ja und nein. Um Gotteswillen, Kind, wie soll man einem Außenstehenden das erklären?

UTE: Heizbar? Mit Kohle oder Koks? Mit Öl?
PAPE: Du, das ist eine lange Geschichte, die erzähl ich dir ein andermal. Lieber laß uns noch ein bißchen zusammen unter die warme Decke.
UTE: Aber ohne Liebe.
PAPE: Liebe wärmt.
UTE: Immer nur Liebe – Liebe – sowas Blödes. Alles, was mich wirklich interessiert, kannst du nicht beantworten. *(kitzelt ihn)* Wenn man dich unten kitzelt, fängst du oben an zu stöhnen, Mann, du bist mir vielleicht eine Nudel. *(knöpft ihm das Hemd auf)* Jetzt machst du grad solche Geräusche wie ich unter der kalten Dusche – *(er will den Arm hinter ihren Nacken legen)* nein, ich muß los.
PAPE: Ich bin doch auch nicht ins Büro, komm, die Hand.
UTE: Die Hand? Die schöne Hand? *(streckt sie aus)* Gib mir mein Nachhilfegeld zurück, und ich erzähl garantiert keinem Menschen, was du alles mit mir angestellt hast.
PAPE: Liebste, das tust du nie.
UTE: Mach hopp. Liebe kostet. Auch wenn sich das bis in eure gute Stube noch nicht rumgesprochen hat.
PAPE: Aber das Geld – das steckt doch fest in der Wand. U n s e r e r   G e h e i m w a n d !
UTE: Weißt du, je mehr du mich ankotzt, umso teurer wird das. *(trommelt mit beiden Fäustchen gegen die Mauer)* Uuuuuiiiiihhhhhh –
PAPE: Aber Ute! Das schallt doch.
UTE: Soll es auch. Ich will raus. Ich will verreisen. Ich will bloß das teure Nachhilfegeld zurück, das meine Eltern in dies Dingsda reingesteckt haben. Ihr lebt doch allesamt auf unsere Kosten, Du, das Paulinchen, die Oma und wer weiß ich.
PAPE: *(Hände um ihren Nacken, fast an ihrer Gurgel)* Ute, mein Engel.
UTE: Jetzt wird endgültig geschrien – uuuuuiiiiihhhh – ! –
PAPE: *(läßt sie erschreckt los)*
UTE: *(guckt auf die Uhr)* In zehn Minuten auf die Sekunde schrei ich, daß die Wände wackeln. Jetzt kuck mich nur nicht so an wie 'n Schwerverbrecher. *(zeigt auf die Uhr)* Hier läuft jetzt nämlich 'n Zeiger, einfach objektiv.
PAPE: *(zieht sich zum Loch zurück)*. In meiner Liebe verschätz dich mal nicht, mein Schätzchen –
UTE: Kannst du eurer Oma erzählen. Schon wieder ne volle halbe Minute rum –

PAPE: *(Läßt die Leiter nach unten, deren oberes Ende noch einen Moment zu sehen ist, dann fortgezogen wird)*
Pauline ins Zimmer, auf den Armen eine Schüssel mit heißem Wasser. Gleich danach Pape. Beide wie ertappt, erschreckt.
PAULINE: Morgen Papa. Jetzt wirds aber Zeit ins Büro.
PAPE: Ins Büro? Willst du den Papa etwa auch loswerden? Dem ist nämlich fürchterlich unwohl. Im Magen. In der Leber – Was hat sich denn inzwischen alles getan?
PAULINE: *(zeigt auf die gewachsene Großmutter)* Hier gehn vielleicht Dinge vor.
PAPE: Ich kenn mich gar nicht mehr aus.
PAULINE: Kunststück, wenn man sich die ganze Zeit nicht blicken läßt. Nachhilfestunden kannst du auch nicht gegeben haben. Die Ute ist seit einer Woche nicht mehr in der Schule aufgekreuzt.
PAPE: *(Besieht sich die Wand. Erblickt Kratz- und Bohrstellen an der Einmündung des Rohres)* Wer kratzt denn hier an der Wand rum?
PAULINE: Die Mutti. Aber nichts sagen.
PAPE: Die Mutti?
PAULINE: Ja. Die hat mein Tagebuch gefunden. Seitdem ist sie am Bohren. Keine Angst, Papa, meine Krakelklaue die kann niemand lesen. Die ist schlimmer als Geheimschrift.
PAPE: Bist du zu retten?
PAULINE: Das weiß kein Mensch. I c h weiß nur, daß wir ganz schnell den Peter retten müssen. Den will der Paul in eine Anstalt schaffen. Was glaubst du überhaupt, wie mächtig Paul geworden ist. Der schmeißt mit Geld nur so um sich. – Papa, ich glaub der Omakasten ist rappelvoll von Münzen.
PAPE: Die wird sich Mutter vom Paul nicht abnehmen lassen.
PAULINE: Die Oma sagt bloß seit Tagen keinen Pieps mehr. Nur stinken tut sie. Fast noch mehr als gewöhnlich. Papa, weißt du, was ich glaub –
PAPE: Kind, du phantasierst.
PAULINE: Kalt wie'n Leichenstein ist sie. Das Ofenrohr ist eisig. Wir frieren wie die Schneider.
PAPE: *(schlägt sich vor den Kopf)* Das Rohr! Die Kälte nebenan. *(zum Ofenrohr, befühlt es)* Wie ich gesagt hab, ja das ist erloschen. Oh Paulinchen, Paulinchen – ich rieche –
PAULINE: *(klatscht in die Hände als ob sie ein Rätsel gelöst hätte)* Menschenfleisch! *(Hand vor den Mund)* Nein! –
PAPE: Doch. Das ist es.

Pauline: Woher kennst denn du das?
Pape: Aus dem Krieg, woher sonst?
Das Armaturenbrett der Großmuttermaschine klappt herunter. Aus der Öffnung zuerst eine Hand mit einem Starkstrom-Warnschild, dann Pauls Kopf.
Paul: Im Namen der Oma. Nicht anfassen. Starkstrom. *(Er befestigt das Schild am Gestänge)*
Pauline: Wie kommst denn du da rein. Sag bloß, der hat unsre Oma elektrisiert!
Pape: Ich glaub allmählich alles. Aber ich dulde es nicht. Sofort montierst du den Mumpitz wieder ab, du Flegel, und bringst ihn hin, wo du ihn hergeholt hast.
Paul: Nee, Papa, die Anlage geht auf einen Spezialwunsch von der Großmutter zurück. Die hat einen Anspruch auf besondere Sicherheit. Wer uns zu nahe tritt, kriegt lebensgefährliche Schläge.
Pape: *(einen Schritt auf ihn zu)* Nein, Paul, das ist meine Mutter.
Paul: Gewesen.
Pape: Was sagst du da?
Paul: Papa, du bist enterbt.
Pape: *(noch näher)* Dir werd ich helfen, Freundchen, dies ist die Stunde der Wahrheit, wenn du's noch nicht wissen solltest.
Paul: *(Zieht ein Formular aus der Tasche)* Die kannst du schriftlich haben.
Pape: *(liest drüberhin, dann den Schluß betont)* ... Ernenne ich zu meinem Vermögensverwalter und Generalbevollmächtigten – meinen Enkel Paul Pape. – Paulinchen, hast du das gehört? *(Frau Pape erscheint)* Frieda, würdest du mir bitte erklären, was diese Unverschämtheit zu bedeuten hat?!
Frau: Was wird das groß bedeuten? Es wird bedeuten, daß Deine Mutter die Geschäftsführung in die Hände ihres Enkels übergeben hat.
Pauline: *(hält sich die Nase zu)* Die Oma stinkt schon. Puh!
Paul: Das nimmst du zurück. *(droht)* Das widerrufst du auf der Stelle.
Pauline: Wie verwest.
Paul: *(erwischt sie gerade eben mit einer Ohrfeige)* So. Vielleicht schafft das Luft.
Pauline: Aua. Aua. Ich laß den Peter los.
Nebenan sind die Handwerker inzwischen ins Kabuff eingestie-

gen. *Sie lösen die Befestigungen eines Bauelementes, das sich sehr langsam und knirschend in den Raum neigt.*
FRAU: Paulinchen. Jetzt komm einmal zur Mama. *(zieht sie an den Zöpfen zu sich heran)* Du wirst doch nicht deinen kranken Bruder mit hineinziehen wollen. Der Peter begreift überhaupt nicht, was hier vorgeht. Der würde zu Tode erschrecken.
PAULINE: Der Paul ist ein Omamörder. Ein Automatenknacker.
FRAU: Aber Paulinchen.
PAULINE: Jawohl, die ganze Oma hat er ausgeräubert. Und du klaust Tagebücher. Das hat er alles von dir.
FRAU: *(zieht sie an den Haaren)* P a u - l i n - c h e n !
PAULINE: Du darfst mich nicht an den Haaren ziehen.
FRAU: Doch. Du bist verwahrlost.
PAULINE: Papa, hilf!
FRAU: Der kann dir jetzt auch nicht mehr helfen. Der kann nicht einmal sich selbst mehr helfen. Über den wird heute noch zu Gericht gesessen. *(zu Pape, der näher kommt)* Da kommt es schon. *(Pape dreht sich um. Das Paulinchen verschwindet zum Peter)* Ja, dies ist die Stunde, wo der Dreck ans Licht quillt. – Paul, du mußt als Zeuge bleiben.
PAUL: Ich hol nur eben noch ein paar erschlagende Dokumente *(zieht Armaturenklappe hinter sich zu)*
PAPE: *(versucht die Wand zuerst mit den Händen, dann mit dem Rücken zurückzustemmen)* I h r – wenn ihr denkt – wenn ihr glaubt –
PAULINE: *(wickelt den Peter aus)* Peterle komm. Peterle piep-piep-piep –
FRAU: Glauben? – Wissen!
PAPE: Testamentenschwindler. Urkundenfälscher.
FRAU: Triebverbrecher. Unzuchttreibende.
PETER: M a m a - M a m a ! –
PAULINE: Der Peter hat gesprochen.
FRAU: Hilfe! das Kind redet irre.
PAPE: In diesem Haus *(ächzend, drückend)* kann jeder seine Meinung sagen. Jedenfalls solange ich –
FRAU: Du nicht mehr lange.
PETER: Als Theseus – als Theseus – als Theseus auf Kreta gelandet war –
FRAU: *(schlägt die Hände vors Gesicht)* Nein!
PAPE: Hörst du doch.
PETER: ... zog seine Heldenjugend sogleich die Augen der reizenden Königstochter Ariadne auf sich. *(Während Paulinchen*

ihn weiter ent-wickelt, am Bandel hat) Diese händigte ihm einen Knäuel Faden ein, dessen eines Ende er am Eingang des Labyrinthes befestigen sollte. Zugleich *(gebückt, auf dem Boden herumsuchend)* übergab sie ihm ein gefeites Schwert, mit dem er den Minotauros töten sollte. *(Er wendet sich gegen die Großmuttermaschine)* Theseus ward von Minos in das Labyrinth geschickt und wunderte sich, daß die Türe offenstand. »Ei du, mein Gott, wie ängstlich wird mir's heut zu Mute«, sagte er, und bin doch sonst so gerne bei der Großmutter. Darauf ging er zum Bett und zog die Vorhänge zurück: da lag die Großmutter und hatte die Haube tief ins Gesicht gesetzt und sah so wunderlich aus ...

FRAU: *(schlägt die Hände vors Gesicht)* Und dafür hat er nun die Stimme wiedergewonnen.

PAPE: Tut mir leid, ich bin erschüttert.

PETER: Ei Großmutter – ei Großmutter –

PAULINE: Ruhe. Der Peter spricht wahr!

PETER: Ei Großmutter, was hast du für große Augen? – Daß ich dich besser sehen kann. – Ei Großmutter, was hast du für große Ohren? – Daß ich dich besser hören kann. – Aber Großmutter, was hast du für ein entsetzlich großes Maul? – Daß ich dich besser fressen kann! – Kaum hatte der Minotauros das gesagt, so tat er einen Satz aus dem Bette, aber Theseus hob sein Zauberschwert *(wedelt mit einem Bindenende)* – und – und – und – *(die Wand knarzt gefährlich)*

FRAU: Da sitzt das böse Tier *(will den Peter zur Wand locken, er folgt schwerfällig)* Peterle, komm, komm, komm – *(das Telefon klingelt)* Ja, geht denn keiner mal ans Telefon. Albert, das kann nur für dich sein – Komm, der Peter, komm der Peter –

PAPE: *(Die Hand wie ein Hexenbanner gegen die Wand erhoben, entfernt sich vorsichtig)* Pape. Hier Pape –

FRAU: Peterle piep – Peterle piep –

PAULINE: Du sollst nicht »piep« zum Peter sagen. Das ist **unser** Erkennungswort.

PAPE: *(Hustenanfall)* Die was? – Bei uns? *(Räuspert Schleim weg)* – Eine Erkältung? Nein. Viel schlimmer. Eine Erkältung ist gar nichts. – Bei uns ist niemand, nein. – Wir haben auch ganz andere Sorgen. – Welche? – Unsre eignen.

PETER: Mama, Mama – Uuuuäääääähhhh *(tapst gegen die Wand, die ihm auf den Kopf fällt)*

PAULINE: So. jetzt ist alles aus.

Frau: Wie ich gesagt hab, seinen einzigen Halt auf der Welt, den habt ihr ihm genommen. *(Staub wallt nachhaltig)* Albert, was hast du getan?
Pauline: *(zieht den Peter mühsam unter dem Wandteil heraus. Pietà-Gruppe)*
Frau: *(wie eine Glocke)* Mord! – Mord! – Mord! –
Pape: Ich bin unschuldig.
Frau: Kinderschänder.
Pauline: Du hast den Peter da hineingerissen. Du hast meinen Lockruf benutzt.
Frau: Kein Wort Schlechtes über den Peter! Der ist tot.
Aus dem Kabuff kommen, langsam sich aus dem Staube hüllend, die beiden Handwerker.
1. Handwerker: Wer kann denn sowas ahnen auf der andern Seite. Ungeschickt läßt grüßen. *(Blick auf den Peter)* Mein Namensvetter?!
2. Handwerker: Na ja, da war aber wirklich 'n bißchen viel schicksalhaftes Pech im Spiel. *(beugt sich prüfend über den Peter)* Aus. Exitus. Feierabend. *(Zieht die Mütze)* Da bleibt für uns wohl nur noch kondolieren. *(handschüttelnd und dienernd herum)* Fräulein Paulinchen – Herr Pape – Gnädige Frau –
1. Handwerker: *(macht es ihm nachlässig nach, dann zum 2. Handwerker:)* Du, schon wieder ne halbe Stunde über Feierabend. Den Schmerz können wir beide sowieso keinem abnehmen und für Trauern sind wir nicht angestellt.
2. Handwerker: *(Hebt die dreieckige Platte an)* U n d   a u f !
Die beiden Handwerker tragen das Fertigteil zur Großmuttermaschine und beginnen, es an der Frontseite festzuschrauben. Ute entsteigt, neugierig umherspähend, dem Qualm.
Pape: Ich bin ein Opfer tragischer Verstrickungen. Ute, sag du jetzt.
Frau: Du und Tragik! Mensch, hier sind Tote zu beklagen, und da redet das Schwein über sich. – Hat er Ihnen was angetan, Fräulein Ute? Ja? Sagen Sie. Hat er Sie unsittlich belästigt? Nichtwahr, er ist Ihnen gegen Ihren Willen nahegetreten – ? –
Ute: *(winkt ab)* Ach der! Ach, Sie! – *(wischt sich die Augen)* Tag Paulinchen, wo habt Ihr denn schnell mal euer Telefon?
Pape: Es war die Liebe auf den ersten Blick.
Frau: Liebe nennt er diese Sauerei.
Die Handwerker nehmen währenddessen stumm und zügig die

Wand auseinander und fügen die 4 dreieckigen Elemente zur Pyramide. Ute am Telefon, unentwegt wählend.
UTE: Wehe, der Michael hat inzwischen was mit Marion angefangen, nur weil ich zu lange weg war. – Besetzt. Das hab ich gewußt.
1. HANDWERKER: *(beiläufig, die letzten Schrauben werden festgezogen)* Ich bin dagegen noch frei, mein Fräulein. Mit mir können Sie Pferde stehlen. – Falls Sie sowas überhaupt wollen.
2. HANDWERKER: Richtig. Nun danken Sie erstmal Ihren Befreiern. Ohne uns säßen Sie vermutlich noch wochenlang in Ihrer Dunkelkammer. Wenn wir die Wand nicht so auf Abbruch konstruiert hätten.
UTE: *(zum Pitter)* Kalt ist mir. Sie müssen mich wärmen.
2. HANDWERKER: Der Kavalier mit den spitzesten Knien zwischen Oberammergau und Fredenbeck.
UTE: Hab ich einen Haß auf den Michael. *(zum Pollux)* Sie sind mir aber auch ne ganz fidele Nummer, was?
2. HANDWERKER: Jede Menge Stenz und Isolierer.
1. HANDWERKER: Red nicht rum. Du bist'n Genie. Das kannst du in diesem kleinen Kreis ruhig öffentlich zugeben.
2. HANDWERKER: *(scheinbar verschämt und geschmeichelt, beginnt er mit einem Steckschlüssel die Schrauben nachzuziehen)* Der letzte Wille, komm.
1. HANDWERKER: *(folgt mit Kreuzschlüssel)* Ja, der muß sitzen.
In der Pyramide beginnt es gedämpft zu rumpeln und zu rauschen. In dem Maße wie die Handwerker die Schrauben weiter anziehen, wird die Stimme leiser bis sie schließlich versiegt.
PAUL: Im Namen der Großmutter! – Im Namen der Großmutter, die zwei Kriege, drei Geldentwertungen und achtzehn Präsidenten überlebt hat, verkündige ich als ihr alleiniger Testamentsverweser ihren letzten Willen. – Erstens: Im Falle von beeinträchtigter Geschäftsfähigkeit meinerseits betraue ich mit der Wahrnehmung sämtlicher Persönlichkeitsrechte meinen Enkel Paul. – Zweitens – *(Die Stimme verzerrt sich zur Unkenntlichkeit. Übergang zu Maschinengeräuschen)*
FRAU: *(Hand hinterm Ohr)* Halt, halt, was machen Sie denn –
1. HANDWERKER: Gnädige Frau. Hier wird ein ultimativer Wunsch auftragsgemäß erledigt.
2. HANDWERKER: Und zwar mit Einwegschrauben. Wenn Sie die wieder loshaben wollen, müssen Sie schon ne andere Firma ins Haus bemühen. Für Private arbeiten wir *(sieht auf die Uhr)* na

seit gut einer Stunde überhaupt nicht mehr.
1. HANDWERKER: So ist es, wir sanieren nur noch ganze Stadtteile. – Nun reißen Sie die Augen bloß nicht so weit auf, Frau Pape; die Konjunktur macht Sprünge wie 'n Zickenbock; da können wir uns von uns aus gar nicht raushalten.
FRAU: Mein letzter Sohn.
1. HANDWERKER: Ja, sowas kann passieren.
PAPE: Das ganze alte Geschlecht.
UTE: Jetzt macht aber! Noch länger in diesem Trauerhaus, und ich krieg Zustände. Paulinchen, kommst du mit?
PAULINE: *(blickt sich hilfesuchend um)* Papa – ? –
PAPE: *(abwesend)* Das Geheimnis der Pyramiden –
FRAU: Das darf überhaupt keiner mehr erfahren. Kein Mensch auf der Welt. *(zu Pape)* Los, faß mal die Beine mit an. Was mit d i r wird, müssen wir hinterher sehen.
PAPE: *(hebt Beine des Peter an)* Ein Hinterher gibt es nicht.
1. HANDWERKER: Auch so einer von den Sprüchen, die man sich lieber mal bei Lichte ansieht.
2. HANDWERKER: Ja. Licht muß her. *(Geht zum Loch, schlägt den vorgehängten Sack zurück)* Der allerschönste hellerliche Tag. Und überall was zum Kucken. Wolken, Zweige, Vögel.
1. HANDWERKER: *(blickt hinaus)* Ein Tag aus Kalk und Gold. Kommt ihr mit rein?
PAULINE: *(hakt den Pollux ein)* Ich geh 'n Stück mit ihm.
UTE: *(legt das Telefon auf)* Jetzt hab ich nochmal zehnmal klingeln lassen. Der Fall ist für mich gegessen. *(hakt den Pitter ein)*
1. HANDWERKER: Eh ich mich abhängen laß.
2. HANDWERKER: *(greift dem Paulinchen um die Hüfte)* Wenn du mich fragst –
1. HANDWERKER: Ich frag ja gar nicht.
2. HANDWERKER: Na, was redst du denn? –

Heimische Todtengräber nebst Larve vom gemeinen Todtengräber (Necrophorus vespillo), natürl. Größe.

PETER RÜHMKORF, geboren 1929 in Dortmund, aufgewachsen in Niedersachsen, wohnhaft in Hamburg.

Heiße Lyrik. (Zusammen mit Werner Riegel) Wiesbaden (Limes) 1956
Irdisches Vergnügen in g. Fünfzig Gedichte. Hamburg (Rowohlt) 1959
Wolfgang Borchert. Monographie. Reinbek (Rowohlt) 1961
Kunststücke. Fünfzig Gedichte nebst einer Anleitung zum Widerspruch. Reinbek (Rowohlt) 1962
Über das Volksvermögen. Exkurse in den literarischen Untergrund. Reinbek (Rowohlt) 1967
Was heißt hier Volsinii? Bewegte Szenen aus dem klassischen Wirtschaftsleben. Reinbek (Rowohlt) 1969
Die Jahre die Ihr kennt – Anfälle und Erinnerungen. Reinbek (Rowohlt) 1972
Lombard gibt den Letzten. Stück. Berlin (Wagenbach) 1969/71
Die Handwerker kommen: Erste Bauzeichnung 1964; Ausführung 1973; Bauabnahme 1974.

Wagenbachs Quartplatten

Acht Autoren lesen: Biermann, Bobrowski, Delius, Fried, Fuchs, Hermlin, Lind, Meckel. 17 cm ⌀. DM 7.50

Ernst Jandl: Laut und Luise. Sprechgedichte. 17 cm ⌀. DM 7.50

Wolf Biermann: Vier neue Lieder. Mit Plakat. 17 cm ⌀. DM 7.50

Wolf Biermann: Chausseestraße 131, Lieder. 30 cm ⌀. DM 22. –

Nachrichten aus Berlin: Texte und Lieder von Delius, Fuchs, Meckel, von Törne, Schnell. 17 cm ⌀. DM 7.50

Ernst Jandl: hosi + anna. Mit Textplakat. 17 cm ⌀. DM 7.50

Warum ist die Banane krumm? Kinderplatte von Bichsel, Biermann, Floh de Cologne, Fuchs, Herburger, Jandl, Lettau, Reinig, Rühmkorf. Mit farbigem Textplakat. 30 cm ⌀. DM 12.80

GRIPS-Kindertheater: Balle, Malle, Hupe und Arthur. Stück für Kinder, mit vielen Liedern. 30 cm ⌀. DM 12.80

GRIPS-Kindertheater: Mannomann! Kinderstück. 30 cm ⌀. DM 12.80

Die große *GRIPS-Parade.* 15 Lieder. 30 cm ⌀. DM 12.80

Der Ziegenbock im Unterrock. Kinderverse und -geschichten, gesammelt von Peter Rühmkorf. 17 cm ⌀. DM 7.50

Gott schütze Österreich. Durch uns: Artmann, Bauer, Brus, Jandl, Mayröcker, Navratil, Nitsch, Rühm u. a. 30 cm ⌀. DM 22.–

GRIPS-Kindertheater: *Ein Fest bei Papadakis.* Ein Stück für Kinder mit vielen Liedern. 30 cm ⌀. DM 12.80

Quarthefte — Zeitgenössische Literatur in Einzelausgaben

KURT WOLFF Autoren, Bücher, Abenteuer.
CHRISTOPH MECKEL Tullipan. *Erzählung*
JOHANNES BOBROWSKI Mäusefest und andere Erzählungen
GÜNTER GRASS Onkel, Onkel. *Ein Spiel*
INGEBORG BACHMANN Ein Ort für Zufälle. *Prosa*
STEPHAN HERMLIN Gedichte und Prosa. *Eine Auswahl*
WOLF BIERMANN Die Drahtharfe. *Balladen, Gedichte, Lieder*
JAKOV LIND Eine bessere Welt. In fünfzehn Kapiteln. *Roman*
CHRISTOPH MECKEL Die Noticen des Feuerwerkers Christopher Magalan
ERICH FRIED und Vietnam und. *Gedichte* DM 6.80
STEPHAN HERMLIN Die Zeit der Gemeinsamkeit. *Zwei Erzählungen*
CHRISTOPH MECKEL Bei Lebzeiten zu singen. *Gedichte*
JOHANNES BOBROWSKI Wetterzeichen. *Gedichte*
GIORGIO MANGANELLI Niederauffahrt. *Prosa*
ERICH FRIED Anfechtungen. *Gedichte*
BORIS VIAN Die Ameisen. *Sieben Erzählungen*
WALTER HÖLLERER / RENATE VON MANGOLDT Außerhalb der Saison
GÜNTER BRUNO FUCHS Zwischen Kopf und Kragen. *Geschichten und Bilder*
JAKOV LIND Angst und Hunger. *Zwei Hörspiele*
TINTENFISCH 1 Jahrbuch für Literatur 1968
MARINA ZWETAJEWA Gedichte
JOHANNES BOBROWSKI Der Mahner. *Erzählungen und Prosa*
VOLKER VON TÖRNE Wolfspelz. *Gedichte, Lieder, Montagen*
WOLF BIERMANN Mit Marx- und Engelszungen. *Gedichte, Balladen, Lieder*
JANNIS RITSOS Gedichte
JOHANNES SCHENK Zwiebeln und Präsidenten. *Gedichte*
TINTENFISCH 2 Jahrbuch für Literatur 1969
ERICH FRIED Die Beine der größeren Lügen. *Gedichte*
CHRISTOPH MECKEL Eine Seite aus dem Paradiesbuch. *Hörspiel*
TINTENFISCH 3 Jahrbuch für Literatur 1970
GIORGIO MANGANELLI Omegabet. *Prosa*
STEPHAN HERMLIN Scardanelli. *Hörspiel*
AIME CESAIRE Ein Sturm. *Stück für ein schwarzes Theater*
ERICH FRIED Unter Nebenfeinden. *Gedichte*
WOLF BIERMANN Der Dra-Dra. *Die große Drachentöterschau*
DIETER FORTE Martin Luther & Thomas Münzer. *Schauspiel*
TINTENFISCH 4 Jahrbuch für Literatur 1971
KURT BARTSCH Die Lachmaschine. *Gedichte, Songs, ein Prosafragment*
HARTMUT LANGE Die Ermordung des Aias. *Stück in drei Akten*
BENNO MEYER-WEHLACK Modderkrebse. *Stück über einen Bau*
FLOH DE COLOGNE Profitgeier und andere Vögel. *Agitationstexte, Lieder*
PETER RÜHMKORF Lombard gibt den Letzten. *Stück*
TINTENFISCH 5 Jahrbuch für Literatur 1972
KLAUS STILLER Tagebuch eines Weihbischofs. *Prosa*
WOLFGANG DEICHSEL Frankenstein. Aus dem Leben der Angestellten
ERICH FRIED Die Freiheit den Mund aufzumachen. *Gedichte*
SPIELPLATZ 1 Jahrbuch für Theater 71/72
WOLF BIERMANN Für meine Genossen. *Hetzlieder, Balladen, Gedichte*
WOLF BIERMANN Deutschland. Ein Wintermärchen
GUSTAV ERNST Am Kehlkopf. *Erzählungen*
ERICH FRIED Gegengift. *Gedichte*
TINTENFISCH 6 Jahrbuch für Literatur 1973
JOHANNES SCHENK Die Genossin Utopie. *Gedichte*
TINTENFISCH 7 Jahrbuch für Literatur 1974
RAINER KIRSCH Kopien nach Originalen. Portraits aus der DDR.

Politik

Im Abonnement 1 Mark billiger

Jean Meynaud: Abschaffung der Demokratie in Griechenland. DM 6.50
Borin/Plogen: Tschechoslowakei heute. DM 5.50
Wolfgang Dreßen: Antiautoritäres Lager und Anarchismus. DM 5.50
Mao Tsetung: Über Praxis und Widerspruch. DM 4.50
Ernesto Che Guevara: Ökonomie und neues Bewußtsein. DM 6.50
Ernesto Che Guevara: Guerilla – Theorie und Methode. DM 6.50
Wilfried Gottschalch: Parlamentarismus und Rätedemokratie. DM 4.50
Bettelheim/Mandel u. a. Zur Kritik der Sowjetökonomie. DM 6.50
Charles Bettelheim: Ökonomischer Kalkül und Eigentumsform. DM 7.50
David Horowitz: Kalter Krieg. US-Außenpolitik. 2 Bde. Je DM 6.50
Andre Gunder Frank u. a.: Lateinamerika. DM 6.50
Hubermann/Sweezy/Dreßen u. a.: Focus und Freiraum. DM 6.50
Edoarda Masi: Die chinesische Herausforderung. DM 6.50
Horst Kurnitzky: Versuch über Gebrauchswert. DM 3.50
Sozialistisches Jahrbuch 1. Hrsg. von Wolfgang Dreßen. DM 8.50
Scuola di Barbiana: Die Schülerschule. Vorwort: P. Bichsel. DM 6.50
David Horowitz: Imperialismus und Revolution. DM 8.50
Sozialistisches Jahrbuch 2. Hrsg. von Wolfgang Dreßen. DM 8.50
Ulrike Marie Meinhof: Bambule. Fürsorge – Sorge für wen? DM 4.50
P. L. Lavrov: Die Pariser Kommune. DM 7.50
Alex Schubert: Stadtguerilla. Tupamaros/RAF. DM 4.50
Ute Schmidt/Tilman Fichter: Der erzwungene Kapitalismus. DM 6.50
Sozialistisches Jahrbuch 3. Hrsg. von Wolfgang Dreßen. DM 8.50
Arbeiter und Apparate: Berichte von Arbeitern. DM 6.50
Berni Kelb: Betriebsfibel. Ratschläge. DM 3.50
Bernhard Lambert: Bauern im Klassenkampf. EWG/BRD. DM 6.50
Gauche prolétarienne: Volkskrieg in Frankreich? DM 6.50
Antonio Carlo: Politisch-ökonomische Struktur der UdSSR. DM 6,50
Daniel Guerin/Ernest Mandel: Monopolkapitalismus in den USA. DM 6.50
Berni Kelb: Organisieren oder organisiert werden. DM 4.50
Peter Brückner/Alfred Krovoza: Staatsfeinde. DM 4.50
Sozialistisches Jahrbuch 4. Hrsg. von Wolfgang Dreßen. DM 6.50
Bettelheim/Macciocchi/Albrecht u. a.: China 1972. DM 6.50
Foucault/Glucksmann u. a.: Neuer Faschismus, Neue Demokratie. DM 6.50
Arno Münster: Chile – friedlicher Weg? DM 7.50
Hansmartin Kuhn: Der lange Marsch in den Faschismus. DM 6.50
Sozialistisches Jahrbuch 5. Hrsg. von Wolfgang Dreßen. DM 6.50
Gilbert Mury: Schwarzer September. Analysen, Dokumente. DM 6.50
Claudie Broyelle: Hälfte des Himmels. Frauenemanzipation in China. DM 7.50
Eugen Eberle/Tilman Fichter: Kampf um Bosch. DM 7.50
dsz: PSD und Staat. Geschichte, Reformideologie, »Friedenspolitik«. DM 7.50
Horst Kurnitzky: Triebstruktur des Geldes. DM 8.50
Rudi Dutschke: Versuch, Lenin auf die Füße zu stellen. DM 13.50
M.I.R.: Widerstand in Chile. Materialien, Interviews, Dokumente. DM 5.50
Peter Brückner u. a.: Das Unvermögen der Realität. DM 8.50
Walter Rodney: Afrika. Die Geschichte einer Unterentwicklung. DM 12.50
René Schérer: Das dressierte Kind. Sexualität und Erziehung. DM 6.50
Jahrbuch Politik 6. Hrsg. von Wolfgang Dreßen. DM 7.50
Peter Brückner/Barbara Sichtermann: Gewalt und Solidarität. DM 5.50